Horst Bursch

Burgen, Schlösser und befestigte Höfe im Vorgebirge

Heimat
-Blicke

Bönnsche/Rheinische Krimis

Hans Brühl	Die kalte Hand aus Wormersdorf
Horst Bursch	Rübe ab!
Horst Bursch	Ufos über Üllekoven
Rainer Engberding	Mord auf dem Petersberg
Rainer Engberding	Skandal in Bonn
Rainer Engberding	Kolbenfresser im Kottenforst
Rainer Engberding	Im Schatten der Kugel
Rufus Keller	Leise lächelte der Kurfürst
Rainer König	Stommel und der tote Beamte
Rainer König	Stommel und der Bolero
Ursula Schmitten	Sommersemester
Ursula Schmitten	Das Fenster zum Garten
Ursula Schmitten	Tod am Pressehaus

Heimatbuch - Sachbuch

Horst Bursch	Bacchus im Vorgebirge
Horst Bursch	Bonner Burgen
Bursch/Bursch	Santiago liegt bei Bonn
John McGregor	Leitfaden für Whisky-Freunde

Rheinische Geschichten/ Romane/Gedichte

Petra Arck	Op de Hüh - Auf der Höhe
Körner/Willnecker	Das Zauberbuch im Siebengebirge

Horst Bursch

Burgen, Schlösser und befestigte Höfe im Vorgebirge

mit zahlreichen Zeichnungen, Abbildungen und Fotos von Dr. Horst Bursch und anderen

Heimat -Blicke

BONNER BUCHVERLAG

Horst Bursch
Burgen, Schlösser und befestigte Höfe im Vorgebirge
Heimat-Blicke

BONNER BUCHVERLAG
PETER PARUSEL
Simonstraße 18
53227 Bonn
Telefon 0228 - 944 96 90
Fax 0228 - 944 96 91
E-Mail: Bonner-Buchverlag@netcologne.de

Gesamtherstellung BONNER BUCHVERLAG
gesetzt in der Times New Roman

ISBN 978-3-940669-79-7

Inhaltsverzeichnis

Burgen- und schlösserkundliche Streifzüge im Vorgebirge:
Was erwartet die Leserschaft? Seite 9

Ramelshoven: Von der Ritterburg zum Bauerngut Seite 13

Gielsdorf: Höhenburg, freiadeliger Zehnthof und klassizistische Villa der Freiherren von Geyr zu Schweppenburg Seite 17

Eine Hochmotte im Widerstreit der Meinungen:
Der frühgeschichtliche Abschnittswall in Alfter Seite 20

Rittersitz, Grafendomizil und Kunsthochschule:
Aus der wechselvollen Geschichte von Burg bzw. Schloss Alfter Seite 26

Die Wolfsburg zu Roisdorf, eine wehrhafte Niederungsburg in einst sumpfigem Gelände und das ehemalige Dörfchen Grippekoven Seite 31

Die frühere Höhenburg der Ritter von Roisdorf auf dem Donnerstein Seite 36

Von der Roisdorfer Metternichsburg zum klassizistischen Haus Wittgenstein Seite 40

Das „gelbe Schlösschen", die Villa Wrede am Roisdorfer Hüsbroich Seite 44

Mittelpunkt der früheren Herrlichkeit Bornheim:
Von der wasserumwehrten Ritterburg zur Maison de Plaisance Seite 47

Kurzer Exkurs: Das Holthoffsche Gütchen und Haus Hohenlind in Bornheim-Botzdorf Seite 55

Haus Rankenberg zwischen Dersdorf und Brenig: Lehngut, Zigarrenfabrik und neobarockes Landschloss Seite 58

Vom Rittersitz zum landwirtschaftlichen Gut: Die einstige Dersdorfer Wasserburg „om Huus“ Seite 64

„Et Hääre Jöötche“: Der barocke Lindenhof zu Dersdorf Seite 71

„Haus Dornich“ und „Pöngshoff“: Wissenswertes aus der Geschichte der einstigen Wasserburg zu Waldorf Seite 74

Lag in Kardorf einmal eine Burg? Seite 77

Von der Ritterburg zur Ruine: Aus der Geschichte der traditionsreichen Burg Hemmerich Seite 79

Exkurs: Burg Hemmerich in Frechen-Bachem Seite 88

Rösberg: Von der befestigten Grafenburg zum barocken Jagdschloss im Stil einer Maison de Plaisance Seite 90

Haus Londorf, ein ehemals freiadeliger Rittersitz im Kirchspiel Merten Seite 98

Die frühere Mertener Ritterburg zu „Crucheren“ Seite 102

Über die einstige Burg „Montjoie“ in Trippelsdorf Seite 104

Der Abschnittswall „Alte Burg“ im Wald von Walberberg Seite 107

„Ein Hauch von Italien“: Die Kitzburg zu Walberberg Seite 109

Der sagenumwobene Hexenturm zu Walberberg, Überbleibsel der mittelalterlichen Saffenburg Seite 113

Burg Rheindorf zu Walberberg: Rittersitz, Jesuitenkloster, Dominikanerkonvent und Heimatmuseum Seite 117

Das frühere burgartige Pfarrhaus zu Badorf Seite 123

Die romantische Schallenburg zu Schwadorf:
Vom einst wasserumwehrten adeligen Rittersitz
zum bürgerlichen Privatdomizil Seite 126

Die wüst gefallene Burg Husen bei Schwadorf Seite 131

Der Di(c)kopshof in der Feldgemarkung von Keldenich:
Heute ein landwirtschaftliches Versuchsgut
der Universität Bonn Seite 133

Über den 1872 abgerissenen adeligen Saalweiden- bzw.
Tränkerhof zu Sechtem Seite 137

Sechtem: Von der Grafenburg der Saffenberger
zur Grauen Burg Seite 141

Ein herrschaftliches Anwesen im toskanischen Landhausstil:
Das einstige Rittergut „Weiße Burg“ zu Sechtem Seite 146

Schloss Eichholz am Ortsrand von Urfeld: Vom mittelalterlichen
Stiftshof zum gründerzeitlichen Schloss und Sitz der zentralen
Bildungsstätte der Konrad-Adenauer-Stiftung Seite 150

Hoch über dem Ufer des Rheins:
Burg Uedorf, ein altes Bauerngut Seite 154

Wo lag die Burg der Ritter von Hersel? Seite 157

Literaturverzeichnis Seite 160

Abbildungsverzeichnis Seite 171

Burgen- und schlösserkundliche Streifzüge im Vorgebirge:

Was erwartet die Leserschaft?

Ein Vorwort

Immer wieder einmal wurde mir die Frage gestellt, ob es denn eine zusammenfassende Abhandlung, einen Spezialführer, eine eigenständige Schrift über die Burgen und Schlösser des Vorgebirges gebe. Bisher lag keine zusammenfassende Darstellung dieser Art vor. Dem Wunsch nach einem Buch zu diesem vielschichtigen und kulturell bedeutsamen Themenbereich wird mit dieser Publikation entsprochen.

Die vorliegende Veröffentlichung ist letztlich die Frucht intensiver und zum Teil aufwändiger Forschungen auf diesem besonderen Fachgebiet, deren Ergebnisse bereits in zahlreichen Aufsätzen in heimatkundlichen Zeitschriften (etwa den Jahrbüchern des Rhein-Sieg-Kreises) und in der örtlichen Presse verstreut vorliegen und in der nunmehr vorgenommenen Zusammenschau hier und dort einer abrundenden und aktualisierenden Ergänzung bedürfen. Dabei greife ich auf zahlreiche Arbeiten anderer Verfasser dankbar zurück (vgl. hier das ausführliche Literaturverzeichnis).

Viele Jahre hindurch habe ich im Auftrag der Volkshochschule Alfter-Bornheim zusammen mit meiner Frau burgen- und schlösserkundliche Fahrradtouren im Vorgebirge unternommen. Dabei wurden im Verlauf eines Tages acht Anlagen besichtigt, nämlich die Wolfsburg zu Roisdorf, Schloss bzw. Burg Bornheim, die Weiße und die Graue Burg zu Sechtem, die Kitzburg zu Walberberg, die Höhenburgen zu Rösberg und Hemmerich sowie zum Schluss Haus Rankenberg zwischen Dersdorf und Brenig (gelegentlich sogar mit Innenbesichtigung). Die Anzahl der sehr interessierten Teilnehmerinnen und Teilnehmer dieser Exkursionen war stets beachtlich. So füllt dieser Überblick eine spürbare Lücke.

Das seit dem 15. Jahrhundert namentlich dokumentierte „Vorgebirge“ (zunächst von der Domstadt Köln aus gesehen „vor der Eifel“), ein Teilabschnitt der so bezeichneten „Ville“, wird traditionell gerne als „rheinischer Gemüsegarten“ bezeichnet. Erst kurz vor Ausbruch des Ersten Weltkriegs erlosch in diesem klimatisch und auf Grund seiner Bodenverhältnisse gesegneten Landstrich zwischen den Städten Bonn und Brühl der einst sehr traditionsreiche Weinanbau, den die Römer hier eingeführt hatten und der das gesamte Mittelalter hindurch in Blüte stand. – Die ersten drei Belege für den Landschaftsnamen „Vorgebirge“ lauten „in dem Vurbircke“ (1457), „Fireberge“ (1467) und „lanx dat vurgebirchs“ (1499).

Mit Blick auf das gesamte Rheinland zeichnet sich dieser Landstrich, dessen höchste Erhebung der in der Gemarkung von Brenig gelegene Hennesenberg (164 Meter über dem Meeresspiegel) ist, durch eine äußerst dichte Folge an Burgen, befestigten Höfen, Schlössern und schmucken Herrenhäusern aus. Mittlerweile ausgeschildert ist im Vorgebirge eine „Wasserburgen-Route“. Wanderer, Radfahrer und Autoreisende werden aber auch auf andere Burgen(typen) hingewiesen. Dadurch zeichnet sich ein touristisches Interesse an diesen Bauwerken ab, die in ihrer Mannigfaltigkeit auf dicht gedrängtem Raum kaum zu überbieten sind.

36 Objekte werden in dieser Veröffentlichung vorgestellt. Dabei folgen wir von Ort zu Ort den Schwüngen und Ausbiegungen des Vorgebirges von Ramelshoven (zu Witterschlick gehörig) bis Badorf und durchstreifen somit das Gemeindegebiet von Alfter, die Ortschaften der Stadt Bornheim sowie einige nach Brühl eingemeindete Dörfer. Einen Abstecher lohnt der Di(c)kopshof zwischen Sechtem und Keldenich, der auf Wesselinger Stadtgebiet liegt.

Unser Weg führt also auch durch die dem Vorgebirge vorgelagerte Köln-Bonner Bucht, denn sowohl allgemein landesgeschichtlich, als auch speziell burgenkundlich ist dieser topographische Raum besonders ergiebig. Hier geht es insbesondere um das in der Ebene gelegene Haufendorf Sechtem mit seinen zwei Burgen und dem längst nicht mehr bestehenden Tränkerhof, aber auch um Schwadorf und letztlich Schloss Eichholz (Wesseling-Urfeld) sowie Uedorf und Hersel am Rhein. – Ein Exkurs über die Burg (Neu-) Hemmerich führt uns nach Frechen-Bachem.

Wüst gefallene Anlagen (wie etwa die einstigen Ritterburgen von Dersdorf und Hersel, Burg Dorne in Waldorf, Haus Londorf im Wald von Merten, Schloss Montjoie in Merten-Trippelsdorf und die Wasserburg Husen zwischen Schwadorf und dem Dikopshof) werden in eigenen Kapiteln vorgestellt, weil gerade die abgängigen Objekte des hier umgrenzten Raumes historisch aussagekräftig sind. Außerdem führt uns die Burgenwanderung zu zwei noch verhältnismäßig gut erhaltenen Abschnittswällen in Alfter und Walberberg, die beide die Bezeichnung „alte Burg“ tragen. Viele Burgen des Vorgebirges waren einst stark befestigt und dienten unter anderem der Verteidigung. Auch das für das Vorgebirge in früheren Jahrhunderten so charakteristische System der „Landgräben“ diente defensiven Zwekken.

Topographische, burgenkundlich-architektonische, genealogische und weitere Angaben (etwa zur Ortskunde) bilden den Kern eines jeden Kapitels, das jeweils einer Burg, einem Abschnittswall, einem Schloss, einem villenartigen Herrenhaus oder einer Hofesfeste gewidmet ist. Je nach Sach- bzw. Forschungslage fallen die monographischen Kapitel unterschiedlich lang aus. Dabei ist angestrebt, in lesbarer Form den gegenwärtigen Stand der wissenschaftlichen Forschung darzulegen. Etliche Abbildungen illustrieren den Text.

Zahlreiche Burgen und Schlösser des Vorgebirges befinden sich heute noch im Besitz adeliger Familien. Dies gilt auch für die Wasserburgen auf der nach Westen zu gelegenen Rückseite des Vorgebirges, die wir in diesem Buch nicht in den Blick nehmen, da diese einen eigenen burgenkundlichen und geographischen Kulturraum bilden. Es handelt sich diesbezüglich um die an der Swist gelegenen Wasserburgen Heimerzheim und Kriegshoven (Gemeinde Swisttal) sowie Haus Velbrück und die Wasserburg Metternich (beide in Weilerswist-Metternich). Insgesamt zeichnet sich das Vorgebirge durch renaissancistische, italianisierende, barocke und klassizistische Burgen und Schlösser aus, wobei zahlreiche Mischformen zu beobachten sind. Manch altes Gemäuer birgt gegenwärtig (wie mitunter auch in früheren Tagen) verschiedenartige Institutionen medizinisch-therapeutischer oder künstlerischer Natur. Das frühere Jagdschloss zu Rösberg wurde vor Jahren in eine aus vielen Einheiten bestehende Wohnanlage umgewandelt, und die Rheindorfer Burg zu Walberberg beherbergte bis vor kurzem einen berühmten Dominikanerkonvent.

Im Jahr 2002 habe ich ein Büchlein über die Bonner Burgen veröffentlicht, das mit der vorliegenden Publikation eine Schwester erhält.

Erneut lade ich die Leserschaft herzlich dazu ein, die hier in den Blick genommenen Anlagen einmal persönlich aufzusuchen. Vielfach entdecken Sie versteckte Kleinodien mit aufschlussreicher Bau-, Besitzer- und Sozialgeschichte. Nicht zuletzt ist die jeweilige Umgebung eines jeden Schlosses, einer jeden Burg bemerkenswert. Quasi am Wegesrand lassen sich dabei noch weitere heimat- und naturkundlich interessante Entdeckungen machen.

Ich wünsche allen viel Freude beim Lesen und sowie beim Aufsuchen und Besichtigen der Burgen, Ringwälle, Hofesfesten und Schlösser des Vorgebirges! Für Berichtigungen, Ergänzungen und allgemein nützliche Tipps, die sich auf dieses Buchthema beziehen, bin ich stets aufgeschlossen und dankbar.

*

Herzlich danke ich allen, die mir in irgendeiner Weise geholfen haben, dieses Buch erstellen zu können. Ein besonderer Dank gilt meiner Frau, Franz Levenkaul (Merten) und Christian Lonnemann, dem Leiter des Stadtarchivs Bornheim.

Dr. Horst Bursch, Dersdorf im November 2008

Ramelshoven:

Von der Ritterburg zum Bauerngut

Wohnhaus der Burg Ramelshoven

Am Rande des Naturparks Kottenforst-Ville erstrecken sich die teilweise in Fachwerk aufgeführten Gebäude einer alten Ackerburg. Der am Katzenlochbach gelegene Gutshof bildet eine nach fränkischem Vorbild geschlossene Anlage zwischen den Dörfern Witterschlick, Nettekoven und Impekoven. Der westlich der Bundesstraße 56 gelegene Weiler Ramelshoven gehört zur Ortsgemarkung Witterschlick, das wegen seines Tonabbaus (der Siedlungsname „Witterschlick“ rührt wahrscheinlich vom „weißen“ bzw. hellfarbigen Ton her) und der damit verbundenen Keramikindustrie bekannt ist. Die beiden Wegebezeichnungen „Burgstraße“ und „Am Burggarten“ beziehen sich unmittelbar auf Burg Ramelshoven.

Dem Besucher zeigt sich die Gebäudegruppe des einstigen Rittersitzes als prächtiges landwirtschaftliches Anwesen, auf dem heute noch Viehwirtschaft betrieben wird. Von der eigentlichen Burg sind lediglich geringe Überbleibsel, wie etwa das langgestreckte Wohnhaus aus dem Jahr 1665, erhalten. 1885 bezeichnete der damalige Hemmericher Pfarrer und Dekanatshistoriker German Hubert Christian Maaßen (1825 bis 1910) Ramelshoven als „Ritterburg“ und „kurfürstliches steuerfreies Lehnsgut“.

Einer Urkunde vom Jahr 1289 ist zu entnehmen, dass die Witwe des Ritters Rembold von Orsbeck Güter im benachbarten Impekoven ihr Eigen nennt. Möglicherweise leitet sich die Wohnplatzbezeichnung „Ramelshoven“ vom Namen dieses Ritters oder dem eines seiner gleichnamigen Vorfahren ab. So dürfte die ursprüngliche Ortsnamenform „Ramboldshoven“ oder vielleicht auch „Rambrechtshoven“ (= zu den Höfen des Rambold bzw. des Rambrecht) geheißen haben. Ein Rambold oder Rambrecht war jedenfalls erster Grundherr der kleinen Ansiedlung. – Die zahlreichen „-hoven“-Namen der Umgebung (Nettekoven, Volmershoven, Impekoven, Medinghoven, Oedekoven, Üllekoven) sind analog zu deuten (z.B. Volmershoven zu Volkmar; Oedekoven zu Odo; Üllekoven zu Odilo).

1345 verkauft der Abt des im Siebengebirge gelegenen Zisterzienserklosters Heisterbach den Zisterzienserinnen von Grau-Rheindorf (Bonn) einen Wald bei „Rambrechtshoven“. Der erwähnte Nonnenkonvent besaß nämlich bis zur Säkularisation in unmittelbarer Nachbarschaft zu Burg Ramelshoven den heute noch bestehenden Wormshof, dessen Name von einer Pächterfamilie herrührt.

1405 heiratet Dietrich von Ramelshoven die Lisbeth von der Balen. Die aus dieser Ehe hervorgehende Tochter Sophia von Ramelshoven ehelicht als Erbin der Burg und der anderen elterlichen Lehnsgüter um 1430 Gottschalk Scharpmann von Lechenich, dessen Nachkommen Eckart und Wolter 1481 bzw. um 1500 als Schultheißen dokumentiert sind. Mit dem 1555 verstorbenen Rembold Scharpmann von Lechenich erlosch die Familie im Mannstamm. Sein Grabstein mit der Inschrift „Der Leste seynes Stames“ (der Letzte seines Stammes) befindet sich heute noch an einer Außenmauer der Witterschlicker Pfarrkirche St. Lambertus. 1430 wird Gottschalk Scharpmann von Lechenich mit der Burg zu Metternich belehnt. Durch seine Eheschließung wird er Lehensnehmer der Burg Ramelshoven, zu der nach Auskunft einer Steuerliste aus dem Jahr 1449 18 Morgen Land und 12 Morgen Wald gehörten. 1561 sehen wir Heinrich von Müllenark und Metternich, einen Schwager Rembold Scharpmanns, als Vassall des Kölner Erzbischofs Johann Gebhard von Mansfeld auf Burg Ramelshoven. Da 1753 die von Metternich auf Ramelshoven ohne männliche Nachkommenschaft ausstarben, gelangte das Gut über die Töchter an die zwei Adelsfamilien von Dorth und von Roth, die schließlich um 1835 das Anwesen an Gerhard Freiherrn von Carnap verkauften, der bis 1859 Eigentümer blieb. Baron von Carnap (nach dem in Dersdorf eine Straße benannt ist) nannte u.a. auch Burg Bornheim, Schloss Eichholz und die Wolfsburg zu Roisdorf sein Eigen. Später musste er sich – als Spekulant hoch verschuldet - von diesen Besitztümern trennen. Der Gutsbetrieb war stets verpachtet. Von den Pächtern des 19. Jahrhunderts seien Johann Werres und Peter Stauff erwähnt. 1859 erwarben die Kölner Herren Krone und Devents die alte Burganlage, die sie schon zehn Jahre später an Hubert Zündorf verkauften, von dessen Erben sie 1890 an Kaspar Heyden gelangte.

An die Zeit derer von Metternich erinnern noch einige Güter- bzw. Grenzsteine, die das adelige Familienwappen zeigen, nämlich drei jakobäische Pilgermuscheln, über denen eine Krone bzw. ein Löwe sichtbar ist. Eine ganze Reihe dieser juristischen Kleindenkmäler befindet sich unmittelbar neben der neuen Wallfahrtskirche St. Katharina im nahe gelegenen Buschhoven. Nicht zu verwechseln mit Ramelshoven ist das zwischen Morenhoven und Rheinbach gelegene Dörfchen Ramershoven, das ebenfalls einen Adelssitz aufweist, eine 1697 neu erbaute Wasserburg.

Grenz- bzw. Güterstein der Burg Ramelshoven,
mit dem Familienwappen derer von Metternich

Gielsdorf:

Höhenburg, freiadeliger Zehnthof und klassizistische Villa der Freiherren von Geyr zu Schweppenburg

Villa der freiherrlichen Familie von Geyr zu Schweppenburg in Gielsdorf

Das in der nachrömischen Zeit in fränkisches Königsgut umgewandelte und urkundlich bereits zwischen 801 und 814 sowie erneut im Jahr 856 erwähnte Gielsdorf war bis 1913 der vielleicht bedeutendste Winzerort des gesamten Vorgebirges, dessen Rotwein allgemein weithin gerühmt wurde, so etwa von dem Bonner Professor und Freiheitsdichter Ernst Moritz Arndt (1769 bis 1860) in seinen 1844 erschienenen „Wanderungen rund um Bonn ins rheinische Land".

Zu Beginn des 11. Jahrhunderts wurde Gielsdorf Eigentum des Pfalzgrafengeschlechts der Ezzonen. 856 hatte König Lothar II. von Lothringen die Grafschaft Bonn, innerhalb derer Gielsdorf lag, seinem Pfalzgrafen Otbert geschenkt. Damals wurde das kleine Dorf wohl befestigt, was man noch am mächtigen Wehrturm der katholischen Pfarrkirche ablesen kann. Eine Höhenburg, zu der dieser Turm gehörte, wird wahrscheinlich unter Pfalzgraf Ehrenfried Ezzo (955 bis 1034) errichtet worden sein. Die letzte Gielsdorfer Herrin aus dem Haus der Ezzonen war Richezza, die Witwe des polnischen Königs Mieszko II. Als Richezza 1063 starb, fiel Gielsdorf als Lehnsherrschaft an die Kölner Kirche.

Bis etwa zur Mitte des 13. Jahrhunderts gehörte das schmucke Fachwerkdorf mit seiner aus dem Mittelalter stammenden Jakobuskirche (die zunächst eine Burgkapelle war) als kölnisches Lehen den Grafen von Sayn, fiel dann freilich durch testamentarische Verfügung der letzten Erbin Mechtildis von Sayn an die Kölner Kirche zurück. Seither übten die Kölner Erzbischöfe die örtliche Grundherrschaft und Gerichtsbarkeit aus, und zwar (bis auf eine kurze Zeitspanne im 13. Jahrhundert) bis zum Jahr 1801.

Die älteste Gielsdorf betreffende Urkunde vom Anfang des 9. Jahrhunderts (s.o.) berichtet von einer Schenkung zweier in Godesberg wohnender Leute (Aloinis und Fridowinis) an das Bonner Münster, das frühere Stift St. Cassius und Florentius. Es handelte sich damals um die Übereignung von Liegenschaften im Gemarkungsbereich von Gielsdorf. Diese Ländereien wurden von einem Zehnthof aus verwaltet. Dieser später als „freiadelig" bezeichnete Zehnthof des Bonner Cassiusstiftes erhob sich in unmittelbarer Nachbarschaft der alten Burg. Zehnthof und Burg sind folglich voneinander zu unterscheiden. Nachstehend wird uns nur dieses alte Hofgut und seine Nachfolger beschäftigen, da wir über die mittelalterliche Burg auf Grund des Fehlens von schriftlichen Dokumenten und archäologisch relevanten Daten so gut wie nichts wissen.

Im Gesamtzusammenhang mit der Burg- und Adelsgeschichte von Gielsdorf ist zu bemerken, dass sich nach dem Ort im südlichen Vorgebirge durch mehrere Jahrhunderte hindurch ein Adelsgeschlecht benannte. Vielleicht ist Embrico, ein 1056 genannter Ministeriale Richezzas, der Stammvater des kleinen Gielsdorfer Adelsgeschlechts. Urkundlich wird 1264 ein Lambert von Gylstorp erwähnt; zuletzt erscheint 1594 Sieprich von Gielsdorf in einer Verkaufsurkunde. Danach tauchen keine weiteren Namensträger „von Gielsdorf" mehr auf. Wir wissen nicht, wo diese Leute in Gielsdorf wohnten. Saßen sie auf der Burg, bewohnten sie den freiadeligen Zehnthof oder hatten sie ein anderes Domizil?

*

Über die Geschichte des Zehnthofs sind wir seit 1551 gut unterrichtet, weil ab diesem Jahr die Lehensnehmer vollständig erfasst sind. Es waren u.a. die Familien von Goer, von Gahlen, von Boddenberg, von Reven, von Efferen, von (bzw. de) Groote, von Vercken und von Kempis. Die genannten Familien waren jedoch nur mit Anteilen des Zehnthofs (beispielsweise einem Sechzehntel) belehnt, worüber es häufig zu unerquicklichen und langwierigen Streitfällen kam.

Drei Viertel der Besitzanteile kamen durch Heirat zwischen Maria de Groote und dem Kurkölnischen Geheimen Hofrat und Generalsteuereinnehmer Rudolf Adolf Freiherrn von Geyr zu Schweppenburg an die noch heute auf dem Zehnthof residierende freiherrliche Familie von Geyr zu Schweppenburg. 1717 war Rudolf Adolf Baron von Geyr zu Schweppenburg durch Kaiser Karl VI. in den Reichsritterstand aufgenommen worden. Die Belehnung mit dem Gielsdorfer Zehnthof war mit der Würde des Bonner Erbmarschallamtes verbunden. Im Jahr 1828 fand eine Güterteilung statt, wobei der frühere Zehnthof an die 1863 verstorbene Antoinette Freiin von Geyr zu Schweppenburg fiel. Diese bestimmte testamentarisch ihre früh verwitwete Schwester Agnes zur Erbin ihres Nachlasses.

Agnes Freifrau von Geyr zu Schweppenburg bewohnte mit ihren fünf Kindern den um 1840 neu erbauten früheren Zehnthof. 1707 war das Wohnhaus dieser Hofanlage im ortsüblichen Fachwerkstil auf alter Grundlage neu errichtet worden. Mit Blick auf Bonn und die Rheinebene hatte Antoinette Freiin von Geyr zu Schweppenburg eine klassizistische Villa, ein feudales Landhaus (wie etwa das zeitgleich entstandene Haus Wittgenstein in Roisdorf), erbauen lassen, das sich nun vor dem 1707 erbauten Wohnhaus als ungemein repräsentativer Bau erhob.

Ursprünglich bestand die spätklassizistische Villa aus drei unterschiedlich hohen Gebäudeteilen. So wurde die nach Osten hin gelegene Schauseite durch einen stark akzentuierten Mittelrisalit beherrscht, der aus drei Fensterachsen bestand und dem eine breite Freitreppe vorgelagert war. Die zunächst einstöckigen Nebentrakte wurden 1882 aufgestockt, so dass die einstige Überhöhung des Mittelrisalits optisch stark gemindert wurde. Heute besticht die schmukke Villa, vor der sich einst ein sieben Morgen großer Weinberg, der „Floßweingarten“, ausdehnte, durch ihre historische Architektur und die freundliche Farbgebung. Mit den sie umgebenden Fachwerkhäusern und der etwas weiter hangaufwärts thronenden Jakobuskirche bildet sie ein malerisches Ensemble. Den früheren Bauzustand hält eine von Erich Correns angefertigte Lithographie aus dem Jahr 1843 fest. Vor der Kulisse ihres feudalen Anwesens und der Silhouette des Dorfes zeigt sich die damalige Besitzerfamilie in Festtagskleidung. Dargestellt sind Agnes Freifrau von Geyr zu Schweppenburg (1804 bis 1889), Witwe des Maximilian Freiherrn von Geyr zu Schweppenburg, mit ihren Kindern Franz, Agnes, Eberhard, Antoinette und Josef sowie Antoinette Freiin von Geyr zu Schweppenburg. Die Abbildung ist von hoher orts- und familiengeschichtlicher Bedeutung.

Die klassizistische Villa der Freiherren von Geyr zu Schweppenburg in Gielsdorf

Wappen der Freiherren von Geyr zu Schweppenburg

Eine Hochmotte im Widerstreit der Meinungen:

Der frühgeschichtliche Abschnittswall von Alfter

Die Hochmotte „Alte Burg" im Wald von Alfter

In der näheren und weiteren Umgebung von Bonn haben die Archäologen bzw. Bodendenkmalpfleger etliche Abschnitts- oder Ringwälle festgestellt (etwa in Bad Godesberg, auf dem Hardtberg bei Duisdorf und im Wald von Witterschlick), deren Zeitstellung sehr unterschiedlich ist. Diese auch als Fliehburgen bezeichneten Erdwerke sind teilweise bis heute noch wenig erforscht. Insgesamt bieten sie ein aufschlussreiches Kapitel der rheinischen Burgenkunde. Neben die so genannten Ringwälle treten im Gelände bisweilen noch deutlich erkennbare künstlich aufgeschüttete Burghügel, die in der Fachsprache als „Motten“ (von französisch „château à la motte“) bezeichnet werden (etwa in Dünstekoven an der Swist, in der Nähe des Palmersdorfer Hofs in Brühl und in Billig bei Euskirchen).

Die meisten Ringwälle im Raum Bonn stammen vermutlich aus dem 9. und 10. Jahrhundert, da sich die einheimische Bevölkerung damals gegen die anstürmenden Normannen schützen musste. Mit ihrer beweglichen Habe und dem Vieh verschanzte man sich in den einst undurchdringlichen Wäldern innerhalb eines eilig angelegten Ringwalls, dessen Wände in der Regel aus einem festen Holz-Erdwerk bestanden. Es wird unter anderem vermutet, dass die Abschnittswälle des Vorgebirges auf Grund einer Burgenbauordnung König Heinrichs I. (wohl vom Jahr 926) geschaffen wurden. Somit würde es sich hier um die ältesten Burgen des Vorgebirges handeln (vgl. in diesem Buch auch unter Walberberg).

*

Etwa 250 Meter südlich vom „Buchholz“ erhebt sich im Wald oberhalb von Alfter ein ovaler Erdkegel mit steil aufragenden Wänden. Auf drei Seiten ist dieser frühmittelalterliche Abschnittswall, die Hochmotte „Alte Burg“ (1419 urkundlich „an der alden burch“), von einem Spitzgraben umzogen. Der Eingang zu dieser verhältnismäßig gut erhaltenen Befestigungsanlage lag im Westen. Die ovale Innenfläche dieser Hochmotte, die auf einem etwa 150 Meter hohen Bergsattel liegt, beträgt ca. 20 x 35 Meter. Sie liegt tiefer (auf 153, 3 Meter Höhe) als der gut 6 Meter hohe, mit Bäumen bestandene Wall, der aus dem Aushub des Grabens bollwerkartig aufgeschüttet wurde. Heute noch überragt die Wallkrone das Innengelände, das wie ein Vulkankrater im Miniaturformat wirkt.

Mehrere Deutungsversuche dieser Anlage, an der eine Informationstafel aufgestellt ist, widersprechen sich hinsichtlich der angenommenen Zeitstellung und Funktion. Das Spektrum reicht dabei von der Kelten- bzw. Germanenzeit über die Epoche der Römer bis hin zur Ära der Karolinger. So tritt neben die Interpretation der Hochmotte als ursprünglich karolingischer Herrensitz (Domizil eines mit bestimmten Hoheitsrechten ausgestatteten Lehnsmannes) die Meinung, es handele sich eher um eine Schanze aus dem 16. bis 17. Jahrhundert. Nach anderer Auffassung soll sich hier die älteste Burg der Ritter von Alfter befunden haben, die 1468 von den Anhängern des Erzbischofs Ruprecht von der Pfalz zerstört wurde. Es wird auch geltend gemacht, die Alte Burg sei als Fliehburg zum Schutz gegen die Normannen (s.o.) angelegt worden.

Schon 1882 hatte sich German Hubert Christian Maaßen in den „Annalen des historischen Vereins für den Niederrhein" wie folgt geäußert: „An der Westseite von Alfter, zur Seite einer tiefen Schlucht, befindet sich in den fürstlich Salmschen Waldungen eine durch ausgedehnte Gräben eingefasste Ebene auf waldiger Bergeshöhe. Sie führt den Namen Altenburg, obwohl oberirdische Reste von einer Burg nicht vorhanden sind. Aeltere Leute behaupten jedoch, dass sich dort Mauerreste unter der Erde befinden. Der dichte Wald verhindert das Graben. Namen, Anlage und alle begleitenden Umstände lassen an dieser Stelle das ehemalige Vorhandensein einer Römerburg vermuthen. Es ist ja eine bekannte Sache, dass der Name Altenburg sehr oft den Ort bezeichnet, wo vor Zeiten die Römer ein Kastell erbaut haben. Anlaß für diese Vermuthung gibt auch ohne Zweifel der Nebenkanal, welcher in der Richtung dieser Altenburg aus der Eifeler Wasserleitung vom Römerhof (auf dem Hochplateau des Vorgebirges, bei Brenig: Anm. des Verf.) führte. Die Altenburg war das nächste Ziele für den Zweigkanal." Auf diese (1885 von Maaßen wiederholte) Darstellung bezieht sich 1905 auch der damalige erste Provinzialkonservator der Rheinprovinz und Professor für Kunstgeschichte an der Universität Bonn, Paul Clemen (1866 bis 1947), ohne hierzu kritisch Stellung zu beziehen. Das 19. Jahrhundert war eine Zeit, in welcher man geschichtliche „Altertümer" in romantisch-historisierendem Überschwang gern in ferne Epochen zurück verlegte. Für die linksrheinischen Gebiete bot sich diesbezüglich ein Rückgriff auf die römische Vergangenheit geradezu von allein an.

Der Ringwall „Alte Burg“ zu Alfter

Rittersitz, Grafendomizil, Fürstenresidenz und Kunsthochschule:

Aus der wechselvollen Geschichte von Burg bzw. Schloss Alfter

Schloss und Dorf Alfter aus Richtung Südosten

Die Historie des urkundlich 1067 erwähnten großen Haufendorfes Alfter mit seinen Nebenorten Birrekoven und Olsdorf ist eng mit den Geschicken seiner früheren Burg und des späteren Schlosses verknüpft. In der kurfürstlichen Zeit bildete Alfter wie Bornheim und Rösberg eine so genannte „Herrlichkeit". In geraffter Form seien nachfolgend die vielschichtigen Zusammenhänge skizziert.

Im Jahr 1116 ist erstmals ein Ritter von Alfter als Vassall der Kölner Erzbischöfe nachzuweisen. „Herimannus de Halechtre" (= Alfter) ist der erste namentlich bekannte Ritter, dem die örtliche Burg sowie die Grundherrschaft zu Lehen aufgetragen wurde. Herimannus von Alfter erhielt gegen Ende des 12. Jahrhunderts die erbliche Würde eines Hofmarschalls der Erzbischöfe von Köln. Zu dessen Aufgaben zählte u.a. das Versorgen des Pferdes, das der Kaiser auf seinem Krönungszug nach Aachen ritt. Diese Amtshandlung ist für die Alfterer Ritter mehrfach belegt. Außerdem ernannte der Marschall den Scharfrichter des Erzstiftes Köln. Dieses hohe, einem heutigen Ministerposten vergleichbare Amt bekleideten die Alfterer Ritter bis 1435.

Aus der Ehe des Ritters Johann von Alfter mit Maria von der Mark ging die Tochter Ricardis hervor, die 1435 Wilhelm von Wevelinghoven zum Mann nahm, der auf diesem Weg in den Besitz der Herrschaft Alfter und des Erbmarschallamtes kam. Eine Tochter Wilhelms aus erster Ehe heiratete 1445 Johann VI. von Salm-Reifferscheidt, der nunmehr allen Alfterer Besitz mitsamt den zugehörigen Gerechtsamen erbte. Seit jener Zeit ist das Geschlecht der Grafen und späteren Fürsten von Salm-Reifferscheidt und Dyck auf Burg bzw. Schloss Alfter ansässig. Bereits die Ritter von Alfter wohnten am Ort des späteren Schlosses, das sich auf einer sanften Böschung zwischen dem Schlossweg und der Straße „Am Herrenwingert" erhebt. Über das Aussehen der aus dem Mittelalter stammenden Burg aber haben wir keine Unterlagen. Erhalten sind in Schloss Alfter lediglich Fundamentmauern aus hochmittelalterlicher Zeit. Der urkundliche Erstbeleg für das Bestehen der Burg stammt aus dem Jahr 1188. In jenem Jahr wurde das Burghaus („domus in Alfetra") dem Bonner Propst Lothar und dem Cassiusstift zu Lehen gegeben. Der vorherige Lehensnehmer Goswin jedoch behielt das Recht, das Lehen zurück zu erwerben.

Die Burg wurde im Verlauf ihrer Geschichte mehrfach durch Kriegseinwirkung oder Brände zerstört, so in den Kämpfen des Kölner Erzbischofs Ruprecht von der Pfalz gegen Graf Johann VII. im Jahr 1468, erneut 1507 sowie 1583 im Verlauf des Truchsessischen Kriegs.

Auch das Dorf, die der Burg benachbarte Pfarrkirche St. Matthäus sowie das unmittelbar anklebende St.-Annen-Kloster wurden jedes Mal in arge Mitleidenschaft gezogen und teilweise gebrannt-schatzt und zerstört.

Graf Wilhelm von Salm ließ 1721 die alte Burganlage in ein repräsentatives Schloss umgestalten, wobei Teile der früheren Bausubstanz erhalten blieben und architektonisch umgewandelt wurden. Im Keller können noch romanische Bogenstellungen beobachtet werden. Im Südturm des neuen Schlosses ist noch der spätgotische Dachstuhl aus dem 15./16. Jahrhundert erkennbar. Das Hauptgebäude der gesamten Anlage ist folglich nie vollständig zerstört worden.

Das heutige Schloss bildet eine leicht unregelmäßige geschlossene Anlage mit zwei unterschiedlich breiten flankierenden Pavillontürmen und einer Vorburg mit symmetrisch angeordneten Wirtschaftsgebäuden. Die einzelnen, insgesamt leicht unregelmäßigen Baukörper umschließen den Ehrenhof. Das Portal im Mitteltrakt des von der Rückseite her zu betretenden Innenhofs zeichnet sich durch das bekrönende Allianzwappen Salm-Reifferscheidt / Salm-Salm aus. Der Umbau zum in der Formgestaltung recht schlichten Barockschloss mit steilen Walmdächern erfolgte behutsam, ohne auf eine besondere Ausschmückung Wert zu legen. Ursprünglich war das Schloss weiß gestrichen, wie man auf zwei Ölgemälden des 18. Jahrhunderts von Johann Franz Rousseau, die sich in Schloss Dyck bei Mönchengladbach befinden, erkennen kann. Das gegenwärtige „barocke“ Gelb entspricht also nicht dem ursprünglichen Befund.

Die bewegliche Ausstattung des Schlosses gelangte 1960 nach Schloss Dyck, das den Fürsten von Salm-Reifferscheidt-Dyck gehört. Von der alten Austattung sind nur wenige Überbleibsel erhalten geblieben, so ein historischer Kamin im Hauptsaal des Erdgeschosses, über dem ein aus dem 18. Jahrhundert stammendes Ölgemälde angebracht ist, das spielende Putten zeigt. Im Sommer des Jahres 1960, zwei Jahre nach dem Tode ihres Mannes, des Fürsten Franz-Josef, verzog Fürstin Cecilie Salm-Reifferscheidt-Dyck nach Schloss Dyck, um dort die Verwaltung des großen Güterkomplexes zu übernehmen. Alle sieben Kinder des Ehepaares, das drei Jahrzehnte hindurch das Alfterer Schloss bewohnte, hatten hier im Herzen des Vorgebirges das Licht der Welt erblickt.

Das Schloss ist eingebettet in eine verspielte und durchaus verwunschene Parkanlage, deren Grundgestaltung auf das Jahr 1721 zurückgeht. Teile der Gartenanlage zeigen ein die Aufmerksamkeit des Besuchers erregendes Heckenboskett aus Buchen, das die Form eines Kirchengrundrisses mit Chorumgang (als Freilichtbühne dem Alfterer Freiluft-Wander-Theater Orplid dienend) aufweist und das in der zweiten Hälfte des 19. Jahrhunderts angelegt worden war.

Einige Kunstwerke der in Alfter seit 1973 beheimateten privaten anthroposophischen Alanus-Hochschule schmücken Park und Innenhof des Schlosses. Diese weit über die Grenzen des Vorgebirges hinaus bekannte Kunsthochschule, die derzeit mächtig expandiert, nutzt Teile des Schlosses als Atelier- und Ausstellungsräume sowie Unterkünfte für die Studenten. Im Sommer wird der Innenhof zum atmosphärisch dichten Raum für beliebte Jazzkonzerte, und an jedem dritten Adventsonntag findet seit etlichen Jahren auf Schloss Alfter ein Kunsthandwerkermarkt statt.

Zur Burg bzw. zum Schloss Alfter gehörte eine Wassermühle, deren in Fachwerk errichtetes malerisches Wohnhaus heute noch an der Kronenstraße vorhanden ist. Zwischen der 1437 erstmals urkundlich bezeugten herrschaftlichen Fruchtmühle und dem Schloss dehnte sich ein breiter Mühlenteich mit Ober- und Untergraben aus (gespeist vom Görresbach), der zwei Jahre nach der Stilllegung des Mahlbetriebs im Jahr 1930 zugeschüttet wurde. Der letzte Pächter hatte wegen wirtschaftlicher Schwierigkeiten nach 18 Jahren seine Arbeit als Müller von Alfter aufgegeben. 1973 fand der alte Mühlenhof neue Besitzer. Wo sich einst der Teich erstreckte, befinden sich seit Jahren ein neues Ärztezentrum, eine Bank, Geschäftshäuser und eine Stellfläche für Autos, die auch als Alfterer Kirmesplatz dient. – Zur Ergänzung sei erwähnt, dass der bekannte Roisdorfer Mineralwasserbrunnen einstmals auch der Familie von Salm-Reifferscheidt-Dyck gehörte.

Das denkmalgeschützte Schloss Alfter gehört heute Mari Christine Gräfin Wolff Metternich.

Zeichnung von Schloss Alfter von 1860

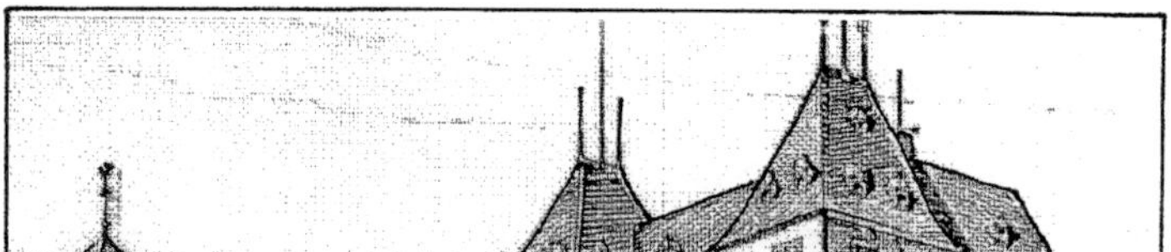

Schloss Alfter und die Pfarrkirche Sankt Matthäus

Die Wolfsburg zu Roisdorf, eine wehrhafte Niederungsburg in einst sumpfigem Gelände und das ehemalige Dörfchen Grippekoven

Die Wolfsburg zu Roisdorf von Nordosten

Wir verlassen nun die heutige Gemeinde Alfter und begeben uns nach dem benachbarten Roisdorf im Stadtgebiet Bornheim, das mit einer Reihe von alten Burgen bzw. Adelshäusern und Herrensitzen aufwartet, deren Geschichte gut erforscht ist.

Roisdorf wird urkundlich erstmals 1113 erwähnt. Im nach Bornheim zu gelegenen Randbereich des vornehmlich wegen seines Mineralwasserbrunnens bekannten Ortes, in dessen Gemarkungsbereich sich das Bornheimer Rathaus befindet, erheben sich die Gebäude einer typisch rheinischen Niederungsburg. Die bis 1874 von Wassergräben umgebene Anlage trägt den Namen Wolfsburg. Sie befindet sich zwischen dem Siefenfeldchen und der Stadtbahnlinie 18, der früheren KBE (Köln-Bonner Eisenbahn). Dort, wo sich ehedem Teiche und Wassergräben erstreckten, ziehen gepflegte Gärten und Obstplantagen den Blick auf sich. In all dieser naturhaften Pracht bilden Wohnhaus und symmetrisch angelegte Wirtschaftsgebäude der Wolfsburg ein überaus pittoreskes Ensemble.

Die Lage der Burg verdankt sich einem früheren Altarm des Rheines, einer diluvialen Rinne, die sich von der Bonner „Gumme" über das Alfterer „Wasserland" bis hin nach Roisdorf fortsetzt und als Geländevertiefung heute noch deutlich wahrnehmbar ist. Denn nach Osten steigt das Gelände wieder leicht an und im Westen begrenzt der steile Prallhang des Vorgebirges dieses einst stark vernässte Gebiet. Das „Siefenfeldchen" und der Alfter-Roisdorfer Bach (auch „Mühlenbach" genannt) auf der Ostseite der Wolfsburg bilden eine Reminiszenz an die frühere topographische Gesamtsituation, da sich von der Wolfsburg aus noch der so genannte „ahle Weiher" bis nach Bornheim erstreckte. Dieses in den 20er Jahren des vorigen Jahrhunderts trocken gelegte Gewässer ist schriftsprachlich schon im 12. Jahrhundert und um 1477 bezeugt. Mit einem „Siefen" ist ein kleiner Bachlauf gemeint. Der Flur- und heutige Straßenname „Siefenfeldchen" ist u.a. 1568 und 1613 belegt.

In unmittelbarer Nähe der Wasserburg (Richtung Norden, auf Bornheim zu) lebten die Bewohner des damaligen Dörfchens Grippekoven, das 1422 erstmals urkundlich in der Form „Grypekoven" bezeugt ist. 1596 taucht der Name als „Gripenkoven" und 1736 in der Form „Grippekoven" auf. Die alten Wörter „Grippe" und „Greppe" bedeuten soviel wie „Wassergraben" (verwandt mit „Gracht"). In der Nähe dieser abgängigen Kleinsiedlung erstreckte sich das Sumpfgebiet des „Lüüsch" (= Schilf). Alle diese Toponyme bezeugen, dass die Umgebung der Wolfsburg sehr wasserreich und dadurch die Burg verhältnismäßig gut geschützt gegen Angriffe war.

*

Die Frühgeschichte dieser interessanten Wasserburg ist undeutlich. 1335 wird vermeldet, dass das Kölner Klarissenkloster, das just in jenem Jahr in Roisdorf den später so bezeichneten Clarenhof (1972 niedergelegt) von der im Ort ansässigen Familie von Metternich erworben hatte, „up bruechen huis“ Lehnsabgaben zu liefern hatte. Der Hof war jedoch schatzfrei und weder der Grundherrschaft in Alfter, noch dem Kölner Erzbischof dienstpflichtig. Aus dem Jahr 1468 stammt der Beleg „up bruchen huis“. Damals gehörte dieses Gut der Familie der Herren von Metternich, die auf einem burgartigen Anwesen auf dem Metternichsberg residierten und mit den Rittern von Alfter verwandt waren. 1518 wird der Pächter „Peter up bruycher hoff“ erwähnt. Die Bezeichnung „Brucherhof“ als früherer Name der Wolfsburg deutet wiederum auf die Vernässung der Umgebung, denn Bruch und Broich bezeichnen sumpfige, wasserreiche Geländeabschnitte. Der Roisdorfer Flurname „Broich“ kennzeichnet heute noch einen steilen Einschnitt im Vorgebirgshang, der später romantisierend als „Wolfsschlucht“ bezeichnet wurde. Oberhalb von Haus Wrede, also ganz in der Nähe der Wolfsburg, speist der Hüsbroich ein hangabwärts fließendes Bächlein, einen typischen Siefen.

Kurmütig war der Brucherhof dem Meerhauser Hofgericht zu Bonn. 1582 veräußert Junker Johann von Metternich den Brucherhof an die Grafen Dietrich und Joachim von Manderscheid. Doch bereits 13 Jahre darauf befindet sich das Anwesen im Besitz des Wilhelm von Wolff zu Bergheimerdorf und dessen Ehefrau Clara von Siegenhoven genannt Anstel. Aber erst im 18. Jahrhundert bürgerte sich allmählich der heutige Name „Wolfsburg“ ein. Um 1600 heißt es: „Wilhelm Wolff hat in der Herrlichkeit Alffter zu Roßdorf seinen adtlichen Sitz, genannt Brucher Hoff.“ Zur Wolfsburg gehörten 1599 anderthalb Viertel Weingarten; die Roggenpacht betrug 50 Malter.

Wilhelm (+ 1623) und seine Frau Clara (+ 1640) hatten einen Sohn namens Werner, der die Wasserburg 1626 im Stil der Spätrenaissance umbauen ließ. Darauf deuten noch die jenes Jahresdatum bildenden Eisenanker auf einer Ostfassade des Burghauses.

Insgesamt lassen sich an der Wolfsburg drei Hauptbauphasen ablesen: Zunächst bestand das Anwesen aus einem schlichten wehrhaften Wohnturm, der später zu einer Winkelanlage, wie man sie an rheinischen Wasserburgen häufig beobachten kann, erweitert wurde. Die dritte Bauperiode zeigt uns einen geschlossenen Dreiflügelbau auf quadratischem Grundriss. Der Hauptbau, also das Wohnhaus, ist zweigeschossig mit geschweiften und abgetreppten Giebeln. Die als Ökonomiegebäude dienenden Quertrakte sind rhythmisch in vier bzw. fünf Achsen gegliedert. Der relativ niedrige und daher gedrungen wirkende Torturm auf der Nordostseite, der an manche Tortürme ähnlicher Burgen und Hofesfesten im Kreis Euskirchen erinnert, stammt aus der Mitte des 18. Jahrhunderts. Vermutlich wurde er nach den Plänen des Baumeisters Johann Georg Leydel errichtet. Erwähnenswert ist die schmiedeeiserne Wetterfahne auf dem barocken Dach des Turmes. Alle Gebäude der Wolfsburg sind in Feldbrandziegelbauweise errichtet.

Das Geschlecht derer von Wolff zu Bergheimerdorf starb im 18. Jahrhundert im Mannstamm aus, und im Jahr 1716 kaufte Johann Jakob Freiherr von Waldbott-Bassenheim zu Bornheim die Roisdorfer Wolfsburg, der sie 1730 an Gerhard Walraff verpachtete. Über dem Eingangsportal des Wohnhauses prangt noch das Allianzwappen Waldbott / Wolff-Metternich. Der Wolf in diesem Ehewappen bezieht sich also keineswegs auf die frühere Besitzerfamilie, nach denen die Burg benannt ist, sondern auf den Geburtsnamen der Gattin des damaligen Bornheimer Burgherrn, der u.a. das Amt eines kurkölnischen Ministers bekleidete und mit Kurfüst Clemens August persönlich befreundet war.

Als letzte Vertreterin der Familie von Waldbott-Bassenheim lebte auf der Wolfsburg die von den Franzosen aus dem Neußer Quirinusstift vertriebene Äbtissin Maria Felicitas Agatha. Bei ihrem Bruder Max Friedrich Baron von Waldbott-Bassenheim fand sie Zuflucht. Sie verstarb 68-jährig und wurde standesgemäß in der Pfarrkirche von Alfter beigesetzt.

Nach dem kurzfristigen Zwischenbesitzer Wilhelm Brette, einem Kölner Grundstücksmakler mit dem Titel eines Geheimrats, ging die Burg am 9. April 1826 an den neuen Bornheimer Schlossherrn Gerhard von Carnap über, der den Gutsbetrieb an den Roisdorfer Landwirt Johann Bernartz verpachtete, der in den Räumen der Burg etliche Jahre lang eine florierende Sommergastwirtschaft betrieb, da Roisdorf insbesondere auf Betreiben von Carnaps eine kurbadähnliche Sommerfrische werden sollte. Als häufiger Gast fand sich hier der Bonner Professor Ernst Moritz Arndt ein. Den Postillonen diente die Burg zeitweise als Pferdewechselstation. Gern verkehrten in den Gasträumen der Wolfsburg Gesellschaften aus Bonn und Köln. Gerhard Freiherr von Carnap war von 1837 bis 1861 Bürgermeister der damaligen Bürgermeisterei Waldorf.

1861 übernahm der aus Köln stammende Geschäftsmann Heinrich von Wittgenstein die Burg, die sich ja nicht weit von seiner klassizistischen Villa (dazu weiter unten) befand. Im Dreikaiserjahr 1888 kaufte schließlich der damalige Roisdorfer Ortsvorsteher Wilhelm Rech (+ 1914), dem wir eine Chronik Roisdorfs verdanken, die traditionsreiche Burg, die fortan in Familienbesitz blieb und ausschließlich dem landwirtschaftlichen Erwerb diente. Rech hatte das landwirtschaftliche Gut seit 1862 zunächst gepachtet. Für den Kauf der Burg mitsamt zehn Morgen Ackerland blätterte er 30787 Mark auf den Tisch. Ab 1896 begann man damit, die verbliebenen Teiche und Gräben an der Wolfsburg zu verfüllen. Heute ist nur noch ein einziger kleiner Teich im Bereich der Gartenanlagen erhalten.

Das Aussehen der altertümlichen Wolfsburg, die sich in einem hervorragenden baulichen Zustand befindet und eines der Wahrzeichen Roisdorfs darstellt, ist bis auf den heutigen Tag nahezu unverändert geblieben. Aus dem 19. Jahrhundert stammen mehrere dokumentarisch aussagekräftige Abbildungen dieser Burg.

Die frühere Höhenburg der Ritter von Roisdorf auf dem Donnerstein

Der sagenumwobene „Donnerstein“ zu Roisdorf

Im Roisdorfer Oberdorf, mit weitem Blick in die Rheinebene, erhob sich am sagenumwobenen „Donnerstein“ eine Ritterburg mit Ecktürmen, Schießscharten, Wehrmauern und Gräben. Der wallonische Zeichner Renier Roidkin (1684 bis 1741) hat um 1730 die damals bereits stark verfallene Burg, von der heute keine Spuren mehr vorhanden sind, mit dem Tuschestift festgehalten. Zu dieser Höhenburg gehörte ein Wirtschaftshof, der später unter dem Namen „Sterffelshof“ bekannt war. Als dieses altertümliche Gehöft 1969 niedergelegt wurde, entdeckte man Fundamentreste eines der erwähnten Ecktürme.

Der Donnerstein war übrigens ein gewaltiger Driftschollenblock, von denen es noch einige Exemplare an der Breniger „Klippe“ gibt. Auf einer Zeichnung aus den 1930er Jahren wurde er bildlich festgehalten. Ein Roisdorfer Straßenname erinnert an ihn.

*

Ein Rittergeschlecht von Roisdorf ist ab dem Jahr 1204 mit Hermann von Roysdorp belegt. 1330 wird die Burg erstmals mit allem Zubehör erwähnt; damals gehörte sie dem Ritter Johannes von Roisdorf, der sein Besitztum an einen gewissen Henkin verlehnt hatte. Im 14. und 15. Jahrhundert ist das Geschlecht derer von Roisdorf gut dokumentiert. Die Ritter nannten Häuser und Höfe sowie etliche Liegenschaften in Bonn, Wesseling und Merten an der Sieg ihr Eigen.

Der letzte und zugleich berühmteste Spross derer von Roisdorf war Ritter Paul van Rusdorp, der von 1422 bis 1441 das hohe und angesehene Amt des Hochmeisters des Deutschen Ritterordens bekleidete und der auf der Marienburg an der Nogat in Westpreußen residierte, wo er auch verstarb und beigesetzt wurde (in der Annengruft). Paul von Roisdorf, dessen Wappen überliefert ist und heute die Roisdorfer Dorffahnen schmückt, gilt als weitsichtiger und kluger Diplomat. Seit dem 14. Jahrhundert war es üblich, dass der rheinische Adel an Preußen- und Litauenfahrten teilnahm. So erklärt sich, warum ein Ritter aus dem Vorgebirge – wie übrigens vor ihm einige Ritter aus der Eifel – im Ordensland zu solch hohen Würden gelangen konnte.

Im ausgehenden 15. Jahrhundert ging die Burg in bürgerliche Hände über. Ein nicht näher bekannter Stephan erwarb das Anwesen, denn ab 1599 berichten Urkunden vom „Stefens Hoff“, vom „Stevenshof" (1713) und vom „Stephanshoff" (1787). Im Jahr 1647 erwarb das Bonner St.-Cassius-Stift die Burg am Donnerstein, die innerhalb der Herrlichkeit Alfter, zu der damals Roisdorf gehörte, einen Allodialbezirk, also ein Freigut, bildete, das sich außerhalb des Herrschaftsbereichs der Grafen und späteren Fürsten von Alfter befand. Im Alfterer Weistum von 1623 wird festgehalten, dass die Roisdorfer Burg arg verfallen sei und man nicht wisse, wem sie denn eigentlich gehöre (!). Die Besitzverhältnisse scheinen damals recht verworren gewesen zu sein. Um 1770 war ein Konrad Müller Besitzer der Burg. Am 4. Oktober 1805 wurde der historische Baukomplex für 21000 französische Francs an einen Herrn Weyer in Köln veräußert, und im Jahr 1876 ging die Burg am Donnerstein mit dem zugehörigen Wirtschaftshof an die Familie Gottfried Bernartz über. 1969 fielen alle Gebäude der Spitzhacke zum Opfer.

Paulus von Roisdorf,

Hochmeister des Deutschen Ordens von 1422 bis 1441

Der frühere Sterffelshof auf den Fundamenten
der Roisdorfer Ritterburg auf dem Donnerstein

Von der Roisdorfer Metternichsburg zum klassizistischen Haus Wittgenstein

Das klassizistische Haus Wittgenstein in Roisdorf

Ein weitläufiger Park mit altem Baumbestand (u.a. Blutbuchen, Linden und Mammutbäume) verdeckt sowohl vom Siefenfeldchen, als auch vom Ehrental her ein historisches Gebäude, Haus Wittgenstein. Besonders auffallend ist die straßenseitige überaus rhythmische Einfassung des Grundstücks mit Mauerpfeilern aus hellem Sandstein, zwischen denen Eisengitter angebracht sind. Ein klassizistisches Eingangstor mit einer Wappendarstellung im Giebelfeld, gegenüber der alten Pfarrkirche St. Sebastianus, lässt neugierig auf das werden, was sich hier am halben Hang des Metternichsberges verbirgt. Bald entdeckt man ein formschönes klassizistisches Gebäude mit breitem giebelseitigem Mittelrisalit und zwei nicht ganz so hohen traufseitigen Nebenflügeln. Das Gebäude ähnelt stark der Gielsdorfer Villa der Freiherren von Geyr zu Schweppenburg. Erbaut wurde das gepflegte Anwesen nach den Originalplänen des Kölner Dombaumeisters Ernst Friedrich Zwirner (1802 bis 1861). Die Villa hat eine breite Veranda, von der aus man den abgestuften Park mit Springbrunnen, Terrassenabschlussmauern und kunstvoll angelegten Treppenkehren überblickt. Das Haus wurde auf älterer Grundlage Domizil der Kölner Patrizierfamilie Wittgenstein, die hier im Vorgebirge eine Sommerresidenz ihr Eigen nennen wollte. Haus Wittgenstein passte hervorragend in die damalige Zeit, da Roisdorf zum Kurbad zu avancieren hoffte.

Im späten Mittelalter erhob sich hier eine kleine Burg derer von Wolff-Metternich (daher die Flurbezeichnung „Metternichsberg"), über die nur sehr wenige Informationen vorliegen. 1335 wird der „Metternichs Bergh" als solcher mit der Angabe erwähnt, auf ihm befinde sich ein „Steinen Huse", das wir als den Sitz der Herren von Metternich, deren Stammhaus sich in Metternich an der Swist befand, ansehen dürfen. Ab dem 16. Jahrhundert finden sich Belege für die Namen „Metternichsberg" bzw. hin und wieder (verballhornt) „Mertensberg". 1582 und 1599 sind Namensträger derer von Metternich zu Roisdorf bezeugt. In der zweiten Hälfte des 17. Jahrhunderts bewirtschaftete eine Familie Moll als Pächter die Ländereien dieser Burg. 1812 war der Liegenschaftsbesitz (115 Morgen Ackerland, 4 Morgen Weingarten, 52 Morgen Wald) an insgesamt 13 Pächter verpachtet. Der zur Metternichsburg gehörende Bauernhof wurde von einer Familie Linden, nach welcher der Roisdorfer Lindenberg benannt ist, bewirtschaftet. 1770 hatte der Kölner Senator und Kaufmann Gerhard Erven die Metternichsburg erworben, von dem sie durch Heirat im Jahr 1789 an Johann Jakob von Wittgenstein kam, der sie seinem Sohn Heinrich vermachte, der schließlich Zwirner mit dem heute zu bewundernden Neubau beauftragte. Gerhard Erven und Johann Jakob von Wittgenstein, Bürgermeister und nachmaliger „Maire" von Köln waren verschwägert. Aber schon vorher hatten die Wittgensteins Eigentum in Roisdorf, das sie gegenüber ihrem alten und unbequemen Kölner Stadthaus, das sich an den Domchor anschmiegte, bevorzugten.

Heinrich von Wittgenstein (1797 bis 1869) ließ die heutige Villa erbauen. Er zählte zu den bedeutendsten Persönlichkeiten der Stadt Köln; u.a. war er Abgeordneter der Berliner Nationalversammlung und Kölner Regierungspräsident. 1823 sehen wir ihn als Mitbegründer des später so bezeichneten „Festkomitees Kölner Karneval", als dessen Sprecher er den ersten Kölner Rosenmontagszug organisierte. In den Jahren 1842 / 43 bekleidete er das Amt des Ersten Präsidenten des Zentral-Dombauvereins, der sich für die erfolgreiche Vollendung der gotischen Kathedrale nachhaltig einsetzte. Für diesen tatkräftigen Mann, der mit der Bankierstochter Therese Schaaffhausen verheiratet war, hatte Zwirner 1838 ein neues Wohnhaus in der Kölner Trankgasse entworfen. Der 1833 zum Dombaumeister ernannte Zwirner war mit Heinrich von Wittgenstein befreundet. So verwundert es nicht, dass der Architekt ausgerechnet mit einem Bauvorhaben in Roisdorf betraut wurde.

Zu der 1844 / 45 neu erbauten Villa der Familie Wittgenstein gehörten ein Kutscherhaus, Stallungen, Remisen, ein Kelter- sowie ein Backhaus und eine Privatkapelle. Die Liegenschaften waren größtenteils verpachtet. Auf Haus Wittgenstein wurde 1901 die letzte Roisdorfer Weinlese gehalten, was auf einem dokumentarisch wertvollen Foto festgehalten ist. (Heute wird in Roisdorf wieder etwas Weinanbau betrieben.)

Viel religiöse, künstlerische und politische Prominenz aus Köln verkehrte auf Haus Wittgenstein, das Heinrichs zweiter (ledig gebliebener) Sohn Friedrich erbte und mit seiner verwitweten Schwester Sibylle bewohnte. Als Sibylle 1903 verstarb, kam Haus Wittgenstein im Erbgang an den Monschauer Landrat Friedrich von Kesseler, der mit einer Wittgenstein-Tochter verheiratet war. Später wurde der Besitz an Friedrich Franz Baron von Proff-Irnich von Kesseler (1905 bis 1984) vererbt, der bei der Roisdorfer Bevölkerung scherzhaft als „Landrats Fritz" bekannt war.

1934 wurde auf Haus Wittgenstein ein Reichs-Arbeitsdienst-Lager für Mädchen eingerichtet, das 1945 von englischen Soldaten besetzt und in ein Behelfslazarett umgewandelt wurde. Die britischen Besatzer gestatteten es Armgard Prinzessin zur Lippe-Biesterfeld, in diesem immer noch dem Freiherrn von Proff-Irnich von Kesseler gehörenden Haus zu wohnen. Die als extravagant geschilderte Prinzessin, die hier bis 1952 lebte, war die Mutter von Prinz Bernhard der Niederlande, dem 2005 verstorbenen Mann der niederländischen Königin Juliana. Die Prinzessin starb 1971 auf Schloss Warmelo im niederländischen Diepenheim.

Das geräumige Anwesen eignete sich nach einer umfassenden Renovierung hervorragend als Privatsanatorium, das in den 1950er Jahren hier seinen Betrieb aufnahm. In einem Werbeprospekt des Dr. Schröder aus dem Jahr 1954 wird Haus Wittgenstein als „das Kneipp-Kurhaus auf stiller Höhe über dem Rheintal“ angepriesen. In den 1960er und 1970er Jahren beherbergte Haus Wittgenstein zusätzlich eine private Nervenklinik. Von 1984 bis 1995 diente das Anwesen der Bundespartei „Bündnis 90 / Die Grünen“ als Tagungshaus. Zeitweise war hier auch die Bundesgeschäftsstelle dieser Partei untergebracht, weil das nahe gelegene Bonn ja noch Bundeshauptstadt war. Wie kam es dazu? Als Friedrich Franz Freiherr von Proff-Irnich von Kesseler 1984 das Zeitliche segnete, verkaufte die Erbengemeinschaft den Besitz an jene damals noch junge Partei, weil die Miterbin Angelika von Hövel geb. Freiin von Proff-Irnich von Kesseler mit den Grünen sympathisierte, die das in der Nähe der Stadt Bonn gelegene Anwesen zu einem für sie günstigen Preis gerne erwarben. Der Umzug der Bundesregierung nach Berlin bedeutete das „Aus“ für Haus Wittgenstein als Domizil dieser Partei. Der Komplex stand nunmehr erneut zum Verkauf.

Seit 1996 ist Haus Wittgenstein Sitz einer freikirchlichen Gemeinschaft, die in seinen Mauern das „Internationale Centrum für Weltmission“ sowie das „Bibelseminar Bonn“ beherbergt.

Das „gelbe Schlösschen“, die Villa Wrede am Roisdorfer Hüsbroich

Die im Stil des französischen Klassizismus
erbaute Villa Wrede (19. Jahrhundert) in Roisdorf

Gegenüber der Wolfsburg erhebt sich am Steilhang des Vorgebirges, umgeben von einem dichten Vorhang hoher Bäume, ein im Stil des französischen Spätklassizismus erbautes herrschaftliches Haus, die nach einem späteren Eigentümer benannte Villa Wrede. Erbaut wurde das im örtlichen Volksmund so bezeichnete „gelbe Schlösschen" von einem schwedischen Adeligen, der sich 1893 als preußischer Staatsbüger „naturalisieren" ließ: Wilhelm Graf Mörner (1831 bis 1911) schuf hier ein von Architekturhistorikern lange Zeit geschmähtes Anwesen, das zu den baustilistisch bemerkenswertesten Denkmälern des Vorgebirges zählt.

Das 1873 fertig gestellte Schlösschen hat man irrtümlich der Neugotik, aber auch barocken Vorbildern des 17. und 18. Jahrhunderts zuordnen wollen, indessen freilich übersehen, dass hier genaue Zitate französischer Stadtpalais' und Landsitze des Klassizismus zu registrieren sind. Einserseits wollte der Graf sein Haus deutlich vom benachbarten Zwirner-Bau, dem Haus Wittgenstein, abheben, andererseits sollte der gegenüber gelegene Komplex der Wolfsburg ein historischer Anknüpfungspunkt ganz anderer Prägung sein. Gestalt und Formensprache der Villa waren für sich selbst, aber auch mit Bezug auf die historische Bebauung der Nachbarschaft sorgfältig geplant: Das Ergebnis konnte und kann sich sehen lassen!

In dem ursprünglich in Braun- und Ockertönen gehaltenen Anwesen, dessen nunmehr leuchtendes Gelb inmitten einer sattgrünen Natur das Auge des heutigen Betrachters erfreut, befindet sich seit 1983 eine Einrichtung zur Drogentherapie mit dem metaphorischen Namen „Tauwetter". Diese Bezeichnung kennzeichnet die Hoffnung auf einen neuen, gesunden Lebensabschnitt. Im Herbst 1993 gesellte sich zu der „Alteinrichtung" ein moderner Erweiterungsbau mit 500 Quadratmetern Nutzfläche. Der traditionellen Langzeittherapie steht seither die Möglichkeit zur Seite, so genannte Kurzzeit- oder Kompakttherapien durchzuführen. Die therapeutische Einrichtung „Haus Tauwetter" genießt ein sehr hohes Ansehen. Ein ähnlich programmatischer Name eignet dem „Phönixhaus" in Schloss Bornheim, das nur einen Kilometer entfernt liegt. Hier liegt die Vorstellung des Namens darin begründet, die ehemals Drogenabhängigen sollten „wie Phönix aus der Asche" zu einem erquicklichen Leben erwachen. Auch diese Institution steht in einem hervorragenden Ruf. So wird in beiden historischen Gemäuern eine Tradition fortgeführt, die in Haus Wittgenstein mit der Einrichtung eines privaten Sanatoriums hoffnungsvoll begonnen hatte.

Wilhelm Graf Mörner erwarb 1872 ein ausgedehntes Hanggrundstück am Roisdorfer Hüsbroich und ließ dort nach seinen Plänen das hier beschriebene schlossartige Haus erbauen. Das Leben des protestantischen Grafen und das seiner Familie ist sehr bewegt (vgl. Verf., in: Jahrbuch des Rhein-Sieg-Kreises, 1995, S. 60 bis 62). Als Bauzeichner, Maler und Architekt machte er sich einen Namen in der Umgebung. Er lieferte u.a. Pläne für die Neugestaltung bzw. den Neubau von Burg Hemmerich und die Wasserburg Kriegshoven zu Heimerzheim. In der Nähe seiner Villa wurde eine Straße nach ihm benannt.

Gegen Ende des 19. Jahrhunderts verschlechterte sich der Gesundheitszustand Mörners immer mehr. Von seinem zwanzig Jahre hindurch bewohnten Schlösschen wollte er sich trennen, da er am Mittelrhein und in Köln weitere Häuser sein Eigen nannte und ihn insbesondere Koblenz anzog, wo er schließlich auch verstarb und seine letzte Ruhestätte fand. Zunächst beabsichtigte ein Bonner Arzt, dort eine Wasserheilanstalt zu eröffnen, wobei der Gedanke an eine Erhebung Roisdorfs zum Kurbad die Triebfeder bildete. Vorläufig jedoch wird die Villa an den Bonner Gymnasialprofessor Halfmann vermietet, der 1898 das Zeitliche segnet.

So verkaufte Wilhelm Graf Mörner zwei Jahre vor der Jahrhundertwende seinen Roisdorfer Besitz an den Freiherrn von Wrede, der zu jener Zeit Rittmeister im Düsseldorfer Ulanenregiment war. Seither hieß das malerische Schlösschen „Villa bzw. Haus Wrede“.

Mittelpunkt der früheren Herrlichkeit Bornheim:

Von der wasserumwehrten Ritterburg zur Maison de Plaisance

Schloss Bornheim: Das Herrenhaus von Westen

Im Jahr 1147 ist das Vorhandensein einer Burg („domus“ bzw. „castrum“) in Bornheim erstmals urkundlich dingfest zu machen. Im selben Jahr ist auch der erste namentlich bekannte Bornheimer Ritter dokumentiert: Johannes de Burnheim. Der Ort selbst findet bereits 945 als „villa Brunheim“ seine schriftsprachliche Ersterwähnung. (Diese Jahreszahl bildet übrigens ganz sinnvoll die Telefonnummer der Bornheimer Stadtverwaltung.) Bornheim dürfte nach Ausweis entsprechender archäologischer Zeugnisse eine fränkische Gründung sein, die aus mehreren Teilsiedlungsbereichen auf römischer Grundlage zusammengesetzt war. Vor einigen Jahren wurde oberhalb der Bahnlinie 18 in der Teilortschaft Botzdorf eine weiträumige römische „Villa Rustica“, ein Landgut also, archäologisch untersucht. Wir wissen, dass im unmittelbaren Außenbereich der heutigen Schlossanlage, einer im Mittelalter stark vernässten Zone, der erste grundherrliche Hof errichtet worden ist. Denn östlich des weitläufigen Burgparks erhob sich ein stattliches Gehöft, das Jahrhunderte hindurch die Bezeichnung „Fronhof“ trug und dessen Lage (heute erhebt sich dort eine Tennishalle) wohl die Keimzelle des Ortes Bornheim kennzeichnete. Diese Vermutung wird nicht zuletzt durch die Entdeckung eines fränkischen Reihengräberfeldes im Jahr 1887 bestätigt, das bei der Anlage des Privatfriedhofs der freiherrlichen Familie von Diergardt (den Besitzern von Schloss Bornheim) angeschnitten wurde.

Die gegenwärtige Kernstruktur des Ortes Bornheim ist das Ergebnis einer langen Siedlungstätigkeit, die sich vom Burgbereich weg immer weiter nach Westen und Süden Richtung Vorgebirgshang erstreckte, wobei der Abschnitt der bereits im 13. Jahrhundert erwähnten Königstraße (mit früherer Ohrbachstraße) einen eigenen Siedlungsschwerpunkt zu bilden begann. Das alte Bornheim lag also innerhalb eines von Maaren, Weihern, Tümpeln, Bächen und Siefen gelegenen Terrains, dessen Versumpfung durch Schlingen und Mäander eines ehemaligen Rheinarms (vgl. hier im Kapitel über die Wolfsburg zu Roisdorf) bedingt war.

Zwischen dem einstigen Fronhof und der Burg bzw. dem späteren Schloss erhob sich bis 1872 die katholische Pfarrkirche St. Servatius. Die alte Burg zählte als wassergeschützte Anlage zu den so bezeichneten Flachland- bzw. Niederungsburgen. Sie könnte aus einer als „Motte“ bezeichneten Kleinburg, einem befestigten Wohnturm, hervorgegangen sein. Da leider über die Frühgeschichte dieser Burg keinerlei Zeugnisse vorliegen, ist man auf Vermutungen angewiesen.

Die Entdeckung römischer Mauerreste im Bereich des Burgareals lassen die vorsichtige Annahme zu, dass hier im 9. oder 10. Jahrhundert ein burgartig befestigter Herrenhof errichtet wurde, der später eine Erweiterung zum Rittersitz fand. Die anno 945 erwähnte „villa Brunheim" ist lediglich ein Beleg für das damalige Bestehen einer Ansiedlung; das Vorhandensein einer Burg impliziert die Ersterwähnung Bornheims ebenso wenig, wie der gesamte urkundliche Kontext.

Es ist nicht auszuschließen, dass sich aus einem ursprünglich persönlichen Vogtsamt in Bornheim eine erbliche Grundherrschaft herauskristallisierte. Vom 10. Jahrhundert an war nach Ausweis etlicher Urkunden das Martinsstift zu Lüttlich im heutigen Belgien der größte Bornheimer Grundeigentümer. Das wallonische Stift an der Maas war auch Inhaber des hiesigen Zehnten. Aus der erblich gewordenen Herrschaft hat sich die kurkölnische „Herrlichkeit Bornheim" entwickelt, die sich über die Honschaften Bornheim, Botzdorf, Birtzberg, Hordorf (die beiden letztgenannten Namen sind abgängig), Dersdorf (mit Rankenberg), Bisdorf und Brenig (mit den ehemaligen Teilsiedlungen Hülinghoven, Frimmersdorf und Bargene) sowie die Wüstung Reck(ing)hoven erstreckte. Bestimmte Höfe in den genannten Orten waren dem Bornheimer Grundherrn im Kriegsfall dienstpflichtig.

Der Bornheimer Grundherr diente dem Kölner Erzbischof als Vassall, dem die Burg bei Besuchen als „Offenhaus" zur Verfügung stand. Das Gebiet dieser adeligen Grundherrschaft grenzte an die Herrlichkeiten Alfter und Heimerzheim, die Schultheißerei Sechtem sowie die Dingstühle Waldorf und Widdig.

Die sich allmählich festigende Herrlichkeit Bornheim kennt als erste namentlich bekannte Ritter Johannes de Burnheim (1147) sowie Helmricus und Giso de Burnheim (1150). Die berühmteste Rittergestalt Bornheims tritt uns in Ritter Wilhelm (I.) von Schilling entgegen. In genau 30 Urkunden der Jahre 1170 bis 1197 wird er erwähnt. Zwischen Dünstekoven und Buschhoven (Gemeinde Swisttal) ließ dieser tatkräftige Mann von 1190 bis 1197 das freiadelige Stift und spätere Prämonstratenserinnenkloster Schillingskapellen erbauen. Der Anlass hierfür war ein Rosenwunder, verbunden mit einer Vision der Gottesmutter Maria. Bis auf den heutigen Tag wird seit der Säkularisation dieser geistlichen Institution im benachbarten Wallfahrtsort Buschhoven alljährlich zu Ehren der „Rosa Mystica" das Fest „Maria Rosen" gefeiert.

Die Nachfolger des Ritters Wilhelm von Schilling, der an einem Kreuzzug ins Heilige Land teilgenommen und von dort Reliquien mitgebracht hatte, sind seit 1226 als Vögte von Bornheim nachweisbar. Diese Vogtei wurde 1362 geteilt, wobei ein Teil an Dersdorf fiel, jedoch 1467 wieder zu einem einzigen Amtsbezirk vereinigt wurde. Ende des 14. Jahrhunderts bestand nach urkundlichem Ausweis in Bornheim ein „Dominium", also eine Herrschaft, deren Mittelpunkt das „castrum Bornheim" (1371) bildete. Durch die Hochzeit einer Tochter Ritter Florckins von Dersdorf, der als Vogt seines Amtes waltete, gelangte die Herrschaft 1388 an Johann Scheiffart von Merode. Bis ins 17. Jahrhundert hinein besaß diese Familie aus rheinischem Uradel Burg Bornheim. Katharina Margaretha Scheiffart von Merode, Erbtochter von Bornheim, brachte 1629 durch ihre Eheschließung Vogtei und Herrlichkeit Bornheim an Johann Wilhelm Waldbott von Bassenheim.

*

In den „Kunstdenkmälern der Stadt und des Kreises Bonn" (1905) stellte Paul Clemen mit dürren Worten fest: „Die alte Burg ist völlig verschwunden, dafür ist ein vornehmes neues Herrenhaus um die Mitte des 18. Jh. durch den Freiherrn Johann von Waldbott aufgeführt worden. Unter dem Freiherrn von Carnap erfolgte dann ein weiterer Umbau." Es wurde mehrfach die Vermutung formuliert, dass das neue Schloss zu Bornheim nach den Plänen des westfälischen Barockbaumeisters Johann Conrad Schlaun (1695 bis 1773) erbaut worden sein könnte, der in Diensten des Kölner Kurfürsten Clemens August stand und auch das Brühler Schloss Augustusburg entworfen hatte. Bauherr war der kurkölnische Konferenzialminister und Hofkammerpräsident Johann Jakob Freiherr von Waldbott-Bassenheim (um1689 bis 1755). Als Grundherr der Herrlichkeit Bornheim ließ er von 1728 bis 1732 den barocken Schlossbau am Ort der mittelalterlichen Wasser- und Wehrburg erbauen, und zwar in denselben Jahren, in denen auch die neuen Schlösser zu Hemmerich und Rösberg entstanden.

Schloss Bornheim ist dem Typ der so genannten „Maison de Plaisance" zuzuordnen, dem letzten klassischen Schlosstyp Europas, der besonders in Frankreich und Deutschland sehr beliebt war. Es handelt sich um ein intimes Wohnschlösschen, das den Prinzipien der Wohnlichkeit und Harmonie gehorcht und ein bestimmtes Grundschema aufweist: Ein überwiegend zweigeschossiger, fünf-, sieben- oder neunachsiger Baukörper mit Eingangsrisalit und oft polygonal vorspringendem Saal (der „Sala Terrena“) auf der Gartenseite enthält Appartements mit Vestibül und seitwärts angeordnetem Treppenhaus. Der französische Baumeister François Blondel II. (1705 bis 1774) hat diesen Bautyp vervollkommnet und in einem Lehrwerk beschrieben. Als geradezu idealer Prototyp einer solchen „Maison de Plaisance“ gilt das bekannte Jagdschlösschen Falkenlust zu Brühl, dessen Planung und Bauleitung Kurfürst Clemens August seinem Architekten François de Cuvilliés übertragen hatte. Auffällig ist die Tatsache, dass die adeligen Auftraggeber einer Maison de Plaisance (wie im Falle Bornheims und Rösbergs) in enger Beziehung zum kurkölnischen Hof standen.

Die Vermutung, Schlaun könne der Architekt von Schloss Bornheim sein, wird insbesondere durch die architektonische Form des in die alte Vorburg eingelassenen barocken Torhauses erhärtet, das die typischen eingetieften und abgerundeten Ecken zeigt (vgl. diesbezüglich Schloss Rösberg und Schloss Augustusburg zu Brühl), für die Schlaun offensichtlich eine Vorliebe hegte. Dieser Gebäudeteil ist um 1730 entstanden. Sein Mansarddach wurde bis zum Dachstuhlbrand im Jahr 1973 von einer hölzernen Laterne bekrönt, die als Wetterfahne einen der drei aus Kupfer getriebenen Drachen vom ehemaligen „Indianischen Haus“ im Brühler Schlosspark trug. Bei der Instandsetzung des Feuerschadens sind Laterne und Drachen nicht wieder installiert worden.

Ursprünglich konnte die Vorburg nur über eine Zugbrücke passiert werden; heute befindet sich dort eine steinerne Bogenbrücke über einen nunmehr trockenen Wassergraben. Gegenüber der breit gelagerten Vorburg ist das Schloss um etwa 45 Grad versetzt angeordnet. Damit gewinnt es eine vor allem räumlich ausgeprägte Selbständigkeit gegenüber den Ökonomietrakten.

Im Park erhoben sich einst noch zwei Sakralbauten, die 1872 abgebrochene Pfarrkirche St. Servatius sowie eine 1735 fertig gestellte und ebenfalls 1872 niedergelegte Kapelle zu Ehren des Wetterheiligen Donatus, der in Bornheim als Ortspatron (nicht als Pfarrpatron) verehrt wird.

In Folge eines Erbstreites zwischen den Brüdern Franz Karl und Max Friedrich von Waldbott-Bassenheim kam es zum Verkauf des Schlosses und der dazu gehörigen Besitzungen im Jahr 1821. Ein Kölner Makler erwarb den gesamten Komplex, veräußerte ihn freilich 1826 mit 922 Morgen Land an Gerhard von Carnap, der wegen des Erwerbs von Liegenschaften in Schlesien in finanzielle Nöte geriet und allen Besitz im Vorgebirge verkaufen musste. So erleben wir ab 1859 Heinrich Graf von Boos-Waldeck als neuen Schlossherrn zu Bornheim, der sich seinerseits alsbald von diesem Besitz trennte, den 1872 der Kommerzienrat Heinrich Freiherr von Diergardt erwarb. Unter diesem entstand der riesige neben der Schlossanlage sich erstrekkende Gutshof nach „preußischem" Muster. Zwischen dem Schloss mitsamt seiner Vorburg und dem in Feldbrandziegelbauweise errichteten Gutshof verläuft eine von hohen und kräftigen Bäumen gesäumte Allee.

Johannes Freiherr von Diergardt, ein passionierter Archäologe, ließ 1902 die Parkanlagen im Stil eines englischen Landschaftsgartens umgestalten und nach Norden hin erheblich erweitern. Die von Diergardt erwarben auch die frühere Uedorfer Burg sowie die nahe gelegene ehemalige Bannmühle des Dingstuhls Widdig. Letzter Besitzer aus dieser Familie ist Dr. Leo Baron von Diergardt. Die adelige Familie residiert auf Schloss Morsbroich bei Leverkusen.

Seit einigen Jahrzehnten wird in Schloss Bornheim die Therapieeinrichtung „Phönix-Haus" betrieben (vgl. hier auch unter Roisdorf: Villa Wrede, „Haus Tauwetter"). – Ergänzend sei vermerkt, dass sich im nach Norden zu erweiterten Park mit seiner historisierenden Mauereinfassung, nämlich dort, wo der historische „Kleehof" am Rande des „Ülchen" stand, ein weithin renommiertes Rhetorikinstitut Kurse für Manager, Politiker usw. anbietet.

Unweit des Eingangs zu Schloss Bornheim befindet sich an der Burgstraße das frühere Bornheimer Gerichtsgebäude aus dem Jahr 1740, welches über dem zentral angebrachten Portal das freiherrlich Waldbottsche Wappen in farbiger Fassung zeigt. Ursprünglich trug dieses Gebäude, das heute baulich mit einer benachbarten Schule verbunden ist, ein hohes Mansarddach. Seit 1906 steht von diesem historischen Gebäude lediglich noch die denkmalgeschützte Hauptfassade, die 1972 einer gründlichen Instandsetzung unterzogen wurde. In kurfürstlicher Zeit besaß der Burgherr die niedere und hohe

Gerichtsbarkeit („Blutgerichtsbarkeit"). So erhob sich am heute noch so bezeichneten „Galgenberg" in der Dersdorfer Feldgemarkung, auf Sechtem zu gelegen, eine Richtstätte. Es war damals üblich, dass der Galgen immer an die äußerste Gemarkungsgrenze „verbannt" wurde. Man weiß, dass dieses Blutgerüst auch tatsächlich mehrfach „Verwendung" fand.

In der unmittelbaren Umgebung von Schloss Bornheim ist noch viel historische Bausubstanz zu beobachten. Es handelt sich hier um einen überaus geschichtsträchtigen Siedlungsbereich.

Zu diesem zählen unter anderem die frühere Dorfschule und die villenartige alte Försterei.

Die Vorburg von Schloss Bornheim

Das Bornheimer Gerichtsgebäude von 1740

Kurzer Exkurs:

Das Holthoffsche Gütchen und Haus Hohenlind in Bornheim-Botzdorf

Das Holthoffsche Gütchen in Bornheim-Botzdorf

Nur ganz kurz sei auf zwei villenartige Anwesen in Bornheim-Botzdorf hingewiesen, die einen Abstecher wert sind. Am Blütenweg erhebt sich das schön renovierte frühere Holthoffsche Gütchen, eine aus zwei ganz unterschiedlichen Bauteilen bestehende Villa, die ihren Namen nach einem früheren Besitzer trägt. Bereits 1718 war dieses Anwesen in Fachwerkbauweise errichtet und später umgebaut und erweitert worden. Hellmuth Freiherr von Carnap, 1870 zum hauptamtlichen Bürgermeister gewählt, verlegte 1878 seine Amtsstube in dieses Gebäude. Sein Nachfolger, Ingenieurleutnant a.D. Anton Dengler, behielt in dem als düster und muffig-feucht geschilderten Gütchen bis zum Jahr 1883 die Amtsstube bei. 1883 erfolgte dann der Umzug in das neu gebaute Bürgermeisteramt an der Königstraße, das bis 1969 diese Funktion beibehielt.

*

Nicht weit entfernt vom Holthoffschen Gütchen befindet sich Haus Hohenlind. Gerhard Freiherr von Carnap hatte das im klassizistischen Stil gehaltene Haus 1835 als Witwensitz für seine Mutter Anna Sibilla von Carnap geb. Wülfingh, Witwe des Abraham von Carnap, erbauen lassen. Von hier aus hatte man einen erhabenen Rundblick, bis hin zu den Türmen des Kölner Doms. Der Erbauer der Villa verstarb in Haus Hohenlind am 28. Juni 1865. 1872 gehört Haus Hohenlind Max von Loe, dessen Sohn Adolf von Loe sich im Jahr 1900 von diesem Besitztum trennte, indem er es an Johann Scheben (genannt „Kalle Hennes“) und dessen Frau Gertrud geb. Kuhl veräußerte. Die Eheleute, die in Botzdorf eine Gastwirtschaft betrieben, teilten das Grundstück in zwei nahezu gleich große Hälften und erbauten auf der nach Osten zu gelegenen Hälfte eine neue Villa. Den westlichen Teil mit Haus Hohenlind kaufte im Jahr 1920 der Diplomlandwirt Hans Dähne. Da dieser die Kaufsumme nicht bezahlen konnte, wurde sein Bürge, der Bornheimer Apotheker Eugen Borkowski, neuer Besitzer des Anwesens, das an Paula Kourth aus Köln vermietet wurde. Bis 1930 bewohnte diese mit ihrem gelähmten Vater das Haus. Anschließend wohnten dort noch verschiedene Familien. Die Wirtschaftsgebäude wurden abgerissen.

1925 waren in dem malerischen Park zwei Winterlinden gepflanzt worden, nach denen fortan das herrschaftliche Anwesen benannt wurde. Das schöne Haus verfiel im Laufe der Zeit immer mehr, bis dem Verfall 1982 durch einen erneuten Wechsel des Eigentümers Einhalt geboten werden konnte. Seither bietet Haus Hohenlind wieder einen einladenden Anblick.

Haus Hohenlind in Bornheim-Botzdorf

Haus Rankenberg zwischen Dersdorf und Brenig:

Lehngut, Zigarrenfabrik und neobarockes Landschloss

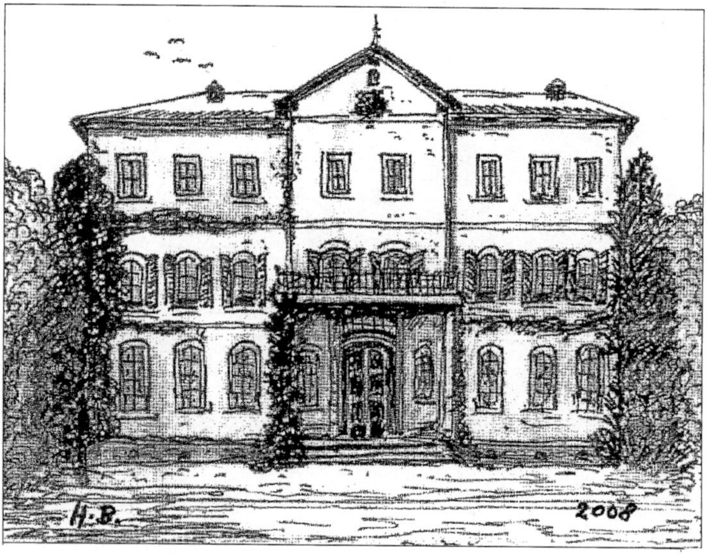

Haus Rankenberg zwischen Dersdorf und Brenig
(Zustand vor 1898)

Am halbem Hang des Vorgebirges zwischen den Ortschaften Dersdorf und Brenig erhebt sich inmitten eines Parks mit erlesenem Baumbestand ein neobarockes Schlösschen, Haus Rankenberg, das 1898 auf alter Grundlage neu errichtet worden war.

Der Siedlungs- bzw. ursprüngliche Flurname „Rankenberg" ist im Vorgebirge gleich dreimal vorhanden, nämlich in Merten-Trippelsdorf (in der Nähe der Walberberger Gemarkungsgrenze), wo er 1669 in einem und demselben Weinpachtverzeichnis als Flur- und Familienname belegt ist; sodann in Kardorf, wo die Bezeichnung 1467 ebenfalls im Zusammenhang mit dem dort einst üppig florierenden Weinbau auftritt, sowie schließlich zwischen Brenig und Dersdorf. Auf diesen drei Rankenbergen wurden die Weinreben an so bezeichneten „Donnenspalieren", d.h. im Kammerbau, wie er heute noch vielfach in Südeuropa verbreitet ist, gezogen.

Auf dem hier in Frage stehenden Rankenberg lagen im Mittelalter einige kleine Hofstellen, Wein- und Ackergütchen, die heute längst verschwunden sind. Sie scharten sich um ein größeres Gut, das zunächst als Lehen der Burgherren von Bornheim bzw. Dersdorf ausgewiesen ist. Am Ort dieses größeren Anwesens befand sich einst eine römische Niederlassung. Auffällig ist die exponierte Lage am mittleren Hang des Vorgebirges, im Bereich eines Quellgrundes.

Im Weistum des Breniger Apostelhofs von etwa 1360 findet sich ein Beleg für die „Rankenbergsgassen", und 1405 wird der Vogt Xylander zu Ranckenbergh genannt. Er war damals Pächter des Rankenbergguts, das die Brüder Beissel von Gymnich auf Burg Dersdorf besaßen, die zugleich Burgherren zu Bornheim waren. Seit 1467 war Rankenberg ein Unterlehen der Herrschaft Bornheim. Das 1490 erneuerte Weistum der Herrlichkeit Bornheim definiert das „Guet gelegen auff dem Ranckenberg" als „gelehen" und der Burg Bornheim im Kriegsfall dienstpflichtig. Der Hof Rankenberg hatte dem Bornheimer Burgherrn mit einem wehrtüchtigen Mann im Harnisch und einem Pferd bei Fehden beizustehen. Als ein solcher Fall 1568 tatsächlich eintrat, erschien Wilhelm Haen „uff dem Ranckenbergh" indessen keineswegs und musste infolgedessen dem Herrn zu Bornheim „ein stadliche abdraght" tun, also eine gehörige Geldbuße berappen: Ein früher Fall von militärischer Gehorsamsverweigerung im Vorgebirge!

Auf dem Lehngut Rankenberg wurde hauptsächlich feldmäßige Ackerwirtschaft, Gemüse- und Obstanbau sowie Weinbau betrieben.

Von den Pächtern aus dem 16. Jahrhundert kennen wir Cunrad von Anstel sowie die Eheleute Wilhelm Haen und Mathilde Jerusalem. Im Jahr 1590 ist Adolf Scheiffart von Merode-Bornheim im Besitz des Rankenberggutes. Neun Jahre später wird sein „anerworben Guett genandt aufm Rankenbergh" mit einem Wert von 430 Thalern angegeben („aestimiert ad 430 dhlr"). Sein erster Pächter hieß Tilman von Bleissem (= Blessem bei Lechenich), der gleichzeitig mit der „Rollenmühle" zu Brenig belehnt worden war und 1623 als Breniger Schöffe bezeugt ist. 1684 wird „Eva auff dem Ranckenbergh" erwähnt, und 1691/92 erfahren wir von einem Christian „Halbwinner zum Rankenberg". 1731 wurde das freiadelige Gut, das 1671 in den Besitz der Freiherren von Waldbott-Basenheim zu Bornheim übergegangen war, an Hermann Weiler und dessen Ehefrau Gertrud Wasserschaff verpachtet. Der Rankenbergshalfe und Gerichtsschöffe Hermann Weiler starb 1777. Sein Nachfolgepächter wurde Clemens Pohl, der hart arbeiten und gut wirtschaften musste, um die Pacht pünktlich begleichen zu können.

Durch Familienstreitigkeiten um das Erbe verarmte Max Friedrich Freiherr von Waldbott-Bassenheim, so dass er das Gut Rankenberg und seine übrigen Besitzungen zu verkaufen gezwungen war. Im Jahr 1808 wurden Gut Rankenberg und die Dersdorfer Turmburg „om Huus" (heute wüst) für zusammen 47.499 französische Francs und 88 Centimes zur Unterstützung der Senatorie von Nancy in Lothringen verkauft. Der Hof auf dem Rankenberg gelangte auf diese Weise für kurze Zeit an einen Makler aus Köln. Aus dem Jahr 1820 existiert eine dokumentarisch wertvolle Grundrisszeichnung der Gesamtanlage, mit Park und Teich.

1826 erwarb Gerhard Freiherr von Carnap, dem wir in diesem Buch immer wieder einmal begegnen, unter anderem das nunmehr erstmals so bezeichnete und auch heute noch so genannte „Haus Rankenberg". In der Mitte des 19. Jahrhunderts bewirtschaftete der noch junge Franz Emil von Hagen (dessen Familie aus Düsseldorf stammte) als Pächter den Hof, auf dem er auch eine kleine Zigarrenfabrik in Betrieb nahm. Der 1860 auf Haus Rankenberg verstorbene von Hagen beschäftigte damals in den Herstellungsräumen etliche Arbeiterinnen und Arbeiter aus den umliegenden Ortschaften. Der Vorarbeiter Gerstenberg führte in Dersdorf noch für einige Jahre die Zigarrenherstellung weiter.

1855 war Baron von Carnap so enorm verschuldet, dass er sich nahezu von seinem gesamten Besitz im Vorgebirge trennen musste. Deshalb gelangten nacheinander die von Carnapschen Güter in die Hände verschiedener neuer Eigentümer. Für Haus Rankenberg bricht nun ein neues Kapitel seiner Geschichte an.

*

Im Jahr 1860 erwarb Philipp von Kempis (1794 bis 1870) das Rankenberger Gut, nachdem er 1852 bereits den nur wenig entfernten Römerhof auf dem Hochplateau des Vorgebirges erworben und grundlegend erneuert hatte. Im Vorgebirge besaß die aus altem rheinischem Adel stammende Familie bereits ausgedehnte Waldungen.

Über das Aussehen des alten Rankenberghofs ist leider nichts bekannt. Das unmittelbare Vorgängerhaus des heutigen Schlösschens war eine erst in der zweiten Hälfte des 19. Jahrhunderts erbaute langgestreckte Villa von acht Achsen, über deren hohem Erdgeschoss sich zwei Etagen erhoben. Ein nur leicht vorspringender zweiachsiger Mittelrisalit mit Spitzgiebel und Wappenfeld bot den einzigen bescheidenen Schmuck dieses in nobler Schlichtheit gehaltenen Herrenhauses, von welchem die Aufrisspläne vom Jahr 1869 sowie einige aussagekräftige Fotos aus den 1890er Jahren erhalten sind. Eine lithographierte Postkarte („Gruß aus Brenig“) von 1897 / 98 zeigt dieses Gebäude mit einem imaginären schmalen Rundturm, der das Haus deutlich überragt. Möglicherweise spiegelt diese interessante Detailansicht eine Mischung aus dem alten Wohnhaus und dem 1898 fertig gestellten neuen Haus wider, das tatsächlich einen Turm aufweist, der freilich viel kräftiger ist, als jener auf der recht kuriosen Postkarte.

Unter Karl August Hubert von Kempis (1842 bis 1919) und dessen Ehefrau Franziska von Kempis geb. von Jordans (1856 bis 1941) wurde Haus Rankenberg in den Jahren 1897 / 98 von Grund auf neu gebaut. Die Pläne lieferte der Architekt Ritzefeld. Der Bauherr war das sechste Kind des Philipp von Kempis und dessen Frau Theresia von Kempis geb. von Groote (1800 bis 1881). Auf der zur Köln-Bonner Bucht hin gelegenen nordöstlichen Turmfassade befinden sich erhöht über einem Fenster die Jahreszahl 1898 als Datum der Fertigstellung sowie die Schilde der Familienwappen von Kempis (mit der Wolfsangel) und von Jordans (als „sprechendes“ Wappen mit einer stilisierten Darstellung des Flusses Jordan). Die reliefartig vorspringenden Wappenschilde kontrastieren auf Grund ihrer heraldisch genauen Farbgebung (von Kempis: blau / von Jordans: rot) hervorragend mit dem „barocken“ Gelb der Außenwände.

Der Gesamtkörper von Haus Rankenberg ist neobarock. Der Turm ist nahtlos eingefügt in das annähernd im Stil einer französischen „Maison de Plaisance“ erbaute Haupthaus, das so genannte „Corps de Logis“ (mit geräumiger Eingangshalle und Treppenhaus). Dieser im spätbarocken französischen Landhausstil errichtete Baukörper trägt ein dem Grundriss entsprechend strukturiertes, mehrfach gebrochenes Mansarddach. Turm und Corps de Logis bilden eine fest gefügte harmonische Einheit. Der unvoreingenommene Besucher von Haus Rankenberg, das von einem stimmungsvollen und artenreichen Park umgeben ist, meint ein barockes Landschlösschen aus dem 18. Jahrhundert vor sich zu haben. Vorbild für diese Architekturform war Burg Kendenich (Stadt Hürth), die von der Familie von Kempis vor einigen Jahrzehnten verkauft worden war. Das wuchtige Wohnhaus von Kendenich, wie Haus Rankenberg in Hanglage gelegen, war nahezu quadratisch, besaß fünf Fensterachsen und trug über drei Stockwerken ein Dach, wie es auch Haus Rankenberg erhalten sollte. Ab 1666 hatte Johann Sigismund Raitz von Frentz zu Kendenich dieses „feste Herrenhaus“ erbauen lassen. Die gesamte Schloss- und Hofanlage zu Kendenich befindet sich heute in einem sehr gepflegten, das Auge erfreuenden Zustand.

Gegenwärtig befindet sich Haus Rankenberg weiterhin im Besitz der Familie von Kempis.

Das 1898 im Stil des Neobarock neu erbaute Haus Rankenberg

Vom Rittersitz zum landwirtschaftlichen Gut:

Die einstige Dersdorfer Wasserburg „om Huus“

Die Dersdorfer Wasserburg „om Huus“

Am 16. Januar 1990 wurden die letzten sichtbaren Fundamentreste der alten Dersdorfer Wasserburg „om Huus" abgetragen. Seither ist von der einstigen Burganlage nichts mehr zu sehen.

Im 1143 erstmals urkundlich erwähnten Dersdorf lebte ein Rittergeschlecht, das sich nach diesem Ort benannte. 1226 ist Hartlivus de Derstorp urkundlich belegt. 1244 und 1260 ist derselbe Ritter als Hartlivus de Drommere bezeugt, weil die ortsansässigen Ritter auch den damals freiadeligen Drommerhof, das spätere Gut der Kölner Fronleichnamsherren (auf der Ecke Breniger Straße / Dürerstraße) besaßen. Die alte Bezeichnung „Dromme" ist heute noch als Familienübername in Dersdorf geläufig, und zwischen Dersdorf und Brenig liegt ein „Drommerbroich" genannter vernässter Geländeabschnitt. Als noch nicht zum Ritter geschlagener Knappe wird 1324 Werner von Deyrstorpe erwähnt. Weitere namentlich bekannte Ritter aus Dersdorf waren Gumbertus (1308), Tilmann (1315) und Florkin (1353). Der letztgenannte Name wurde für eine geraume Zeit zum Leitnamen derer von Dersdorf. 1370 wurde Ritter Florkin vom Bornheimer Burgherrn mit einem Teil der Vogtei Bornheim belehnt. Seine erste Frau Beatrix wird in mehreren Urkunden als „Frau von Dersdorf" aufgelistet. Die Ritter von Dersdorf hatten in ihrem Wappen wie die benachbarten Ritter von Bornheim einen gegitterten Querbalken, der heute das Bornheimer Stadtwappen ziert.

Durch eine eheliche Verbindung der zweiten Frau des mittlerweile verstorbenen Ritters Florkin von Dersdorf gelangte die Burg 1404 an Wilhelm Beissel von Gymnich, in dessen Familienbesitz sie gut hundert Jahre verblieb. In den Jahren 1518 bis 1520 wird ein Wilhelm „uf dem hauß" genannt. Er war Vogt zu Bornheim. Im 16. Jahrhundert wird „dass alt Hauß zu Derstorff" sehr häufig im Zusammenhang mit Liegenschaftsangaben erwähnt. Der zur Burg gehörige Wirtschaftshof wurde stets verpachtet. 1590 / 1600 sind als Burghofpächter Johann Wimmar und Leonhard „uffen Haus" nachzuweisen. In der zweiten Hälfte des 16. Jahrhunderts besitzt „Joncker Ilem zu Derstorff" die Burg, zu der im Ort selbst mehrere Hofstellen gehörten. 1576 wird „Johan auffm Hauß" als Pächter erwähnt. Das Erbe derer von Ilem, die unter anderem auch die zu Bonn-Duisdorf gehörende Burg Medinghoven ihr Eigen nannten, trat Wilhelm Kettler zu Nesselrode an. Sein Pächter Henrich Schorn zahlte seinem Herrn 2 Gulden, 16 Albus und 11 Heller kölnisch an Pacht.

Aus dem Jahr 1669 stammt eine Vermögensaufstellung der Erben von Nesselrode bezüglich der Dersdorfer Besitzungen: „Specification der jährlich Intraden (= Einkünfte) des adlich Hauß Derstorff". Der gesamte zur Burg gehörende Besitz wurde auf 3134 Reichsthaler geschätzt.

Zeitweilig war die Burg „om Huus" dann im Besitz des Franz von Imstenrath. So wird 1671 das „Imstenrath gueth zu Derstorff" in der Herrlichkeit Bornheim exakt spezifiziert. Zur Burg gehörten damals drei Hofstellen, die Mühle am Königsweiher zu Bornheim-Hordorf sowie gut 66 Morgen Land. Hinzu traten etwa drei Morgen Weingärten.

1727 war bereits der Bornheimer Grundherr von Waldbott-Bassenheim Eigentümer der Dersdorfer Burg. Aus dem Jahr 1736 stammt ein ausführlicher Pachtvertrag im Rentbuch der Herrlichkeit Bornheim. Diesem zufolge wurde das „hochadeliche Haus, die alte Burg genannt" am 12. November 1735 an Jacobus Wasserschaff und dessen Ehefrau Anna Molls auf zwölf Jahre neu verpachtet. Im Pachtvertrag werden Wohnhaus, Hof, Kelterhaus, Stallungen, Scheune, Wassergräben, Benden und Baumgärten aufgelistet; diese bildeten das eigentliche Areal der Burg. Hinzu kamen über 42 Morgen Ackerland, 47 Morgen Waldungen, Hecken und „Blecher" (= unbedeckte Ödflächen) sowie über drei Morgen an Rebgelände. Der gesamte Liegenschaftsbesitz umfasste etwa 100 Morgen (= 25 Hektar). An Pacht musste jährlich auf Martini (11. November), dem traditionellen Abgabetermin, 17 Malter Korn, ein ausgewachsenes Faselschwein sowie die halbe Traubenernte entrichtet werden. Nach dem Tod seiner Eltern Jacobus (1777) und Anna (1781), die den Pachtvertrag mehrmals verlängern konnten, wohnten als letzte Pächter Matthias Wasserschaff und dessen Frau Maria geb. Hohn auf der Burg.

Die gesamte Burganlage verfiel im Laufe der Zeit immer mehr. 1808 wurde sie zusammen mit dem unweit entfernten Hof Rankenberg (siehe dort) von der Erbengemeinshaft von Waldbott-Bassenheim verkauft. Peter Derichsweiler (1797 bis 1878), der 1822 eine Tochter der zuletzt genannten Eheleute Wasserschaff geheiratet hatte, erwarb nach der Hochzeit die mittlerweile nahezu zur Ruine verkommene Burg, nachdem seine Schwiegereltern 1819 einen stattlichen Dersdorfer Hof auf alter Grundlage hatten erneuern lassen, der mit Bezug auf den Namen der benachbarten Burg die Bezeichnung „Haushof" erhielt.

Der Überlieferung zufolge wurde die Burg spätestens um 1820 nicht mehr bewohnt und war fürderhin dem völligen Verfall preisgegeben. – Das ehemalige Burggelände ist heute parzelliert, überbaut und in Privatbesitz. Nur die Vertiefung der früheren Wassergräben ist teilweise noch erkennbar. Die 1932 erbaute Dersdorfer Pfarrkirche St. Albertus Magnus erhebt sich auf einem ehemals zur Burg gehörenden Grundstück, der einstmals so bezeichneten „Hausbitze".

*

Wie eingangs erwähnt, handelte es sich bei dem einstigen Dersdorfer Rittersitz um eine Wasserburg, deren Alter sich nur schwer bestimmen lässt. Es dürfte sich vermutlich um eine Wehrburg aus dem 12. Jahrhundert handeln, die möglicherweise einen Vorläufer hatte, in welchem wir die Keimzelle des Dorfes erkennen. Nicht von der Hand zu weisen ist nämlich die Annahme, dass hier der Ortsgründer, dem Dersdorf (1143 „Degerstorph") auch seinen Namen verdankt, siedelte und mit einigen abhängigen Bauern eine so genannte Villikation, einen Hofverband, bildete. Eine Untersuchung der Fundamente zeigte, dass diese aus Findlingen, Tuff- und Basaltsteinen des Römerkanals gefügt waren, der im nahen Brenig-Bisdorf die Feldgemarkung querte, durch Waldorf-Üllekoven lief, um sich hier mit starkem Gefälle zu senken. Im Mittelalter bot sich die berühmte römische Fernwasserleitung von der Eifel nach Köln der Vorgebirgsbevölkerung als willkommener Steinbruch an.

Bereits 1844 berichtete der „Begleiter auf der Bonn-Cölner Eisenbahn": „So findet man bei Dersdorf, nahe bei Waldorf, die Ruinen eines Hauses fast ganz aus Trümmern des Canals erbaut. Man bemerkt an den einzelnen Bruchstücken noch den Mörtelbewurf und den denselben deckenden Sinter." 1935 erreichte oberirdisch das aufgehende Mauerwerk noch eine Höhe von etwa fünf Metern. Die Fundamente waren über anderthalb Meter stark. Die Burg selbst bestand nur aus einem einzigen Gebäude, das ein Rechteck von ziemlich genau 9 mal 15 Metern bildete.

Burgenkundlich zählt diese Anlage zu einer recht altertümlichen Form, denn der verhältnismäßig kleine Grundriss deutet auf ein turmartiges Burghaus, das nach Ausweis diesbezüglicher Parallelen wohl aus drei bis vier Stockwerken bestand. Die in den 1930er Jahren noch vorhandenen Ruinen lassen eine annähernde Rekonstruktion zu: An der Schmalseite wohl ein- und an der Längsseite zweiachsig (im Erdgeschoss eventuell nur Schießscharten), ragte die Burg aus dem umgebenden Weiher. An der Nordseite der Wassergräben bzw. des Weihers erhoben sich die Gebäude des Wirtschaftshofs. Sie lagen rechtwinkelig längs der späteren Albertus-Magnus-Straße. Vom Hof her führte eine Zugbrücke über den breiten Graben zum Wohnhaus. Die französische Tranchot-Karte vom Beginn des 19. Jahrhunderts vermittelt einen verhältnismäßig genauen Eindruck von der Dersdorfer Burganlage. Das Haupthaus ragt aus einem annähernd ovalen Wassergraben; daneben finden sich, wie geschildert, die landwirtschaftlichen Gebäude. Im Bereich von Schule, Kindergarten und Kirche erstreckte sich die zur Burg gehörende bereits erwähnte „Hausbitze".

Die Wassergräben der Dersdorfer Burg wurden von mehreren Zuläufen gespeist, die in alten Dokumenten als „Floß" und „Floeßgen" belegt sind. Im Dorf selbst floss einer der am halben Hang des Vorgebirges entspringenden Bäche in einer künstlichen Rinne, die 1576 die „Kall" genannt wird. Im selben Jahr und im gleichen Zusammenhang ist von dem „Floß langs der Straßen" die Rede. Gemeint ist offensichtlich die „Bachstraße", nunmehr Dürerstraße. Vermutlich waren die Wassergräben der Burg einst mit dem vielfach genannten alten Landgraben verbunden, der diesseits der Landstraße zum Schutz der Vorgebirgsdörfer angelegt worden war und wohl aus dem 12. / 13. Jahrhundert stammt. Die Dersdorfer Bäche waren einst sehr wasserreich. Sie ergossen sich in den Burgweiher und in den Landgraben sowie einen im 17. Jahrhundert angelegten neuen Überlaufgraben. Auf diesen weist die Straßenbezeichnung „Neugrabenweg" hin. Der Dersdorfer Landgraben wird indirekt mit der Angabe „am Ufer, im Feld von Dayrsdorp" urkundlich im Jahr 1347 greifbar. Vom Neugraben aus wurde das überschüssige Wasser in die einst so bezeichneten „Schlieffejrävje" unterhalb des „Windmühlenbergs" in der früheren Hordorfer Feldgemarkung abgeleitet. In der „Schleide" zur Niederterrasse hin wurde einst durch dieses Gewässer eine Schleifmühle betrieben. Auf historischen Karten trägt der alte Landgraben die Bezeichnung „Roes". Dieses Toponym lässt sich vielleicht vom mittelhochdeutschen Wort „ras" (= heftige Strömung; verwandt mit „rasen") herleiten.

Burg Dersdorf lag strategisch günstig zwischen dem Landgraben und dem ältesten Siedlungsteil des Ortes und kann von daher mit der im folgenden Kapitel beschriebenen ehemaligen Burg zu Waldorf verglichen werden. Zu den ursprünglichen Aufgaben von Burg Dersdorf könnte unter anderem die Sicherung der alten Handels-, Heer- und Pilgerstraße gehört haben, die von Bonn her kommend über Buschdorf, Roisdorf („Landgezoger Straße") und Bornheim („Königstraße") verläuft, den Rankenberg ersteigt, um dann als „Heerweg" auf der Hochfläche des Vorgebirges in Richtung Lechenich, Düren und Aachen weiterzuziehen. Freilich war die Dersdorfer Burg „om Huus" in erster Linie Sitz und Herrschaftsmittelpunkt eines im Ort ansässigen Rittergeschlechts.

*

An der Dürerstraße, gegenüber dem früheren Burgweiher, steht noch heute ein kleines Unglückskreuz aus Lavabasalt, das inschriftlich auf den 7. März 1604 datiert ist und der Überlieferung zufolge zum Gedenken an einen Müllersknecht aufgestellt wurde, der hier mit seinem Pferdefuhrwerk in den Burggraben geraten war und dabei ertrank.

Die Ruinen der früheren Dersdorfer Wasserburg „om Huus"
(um 1910)

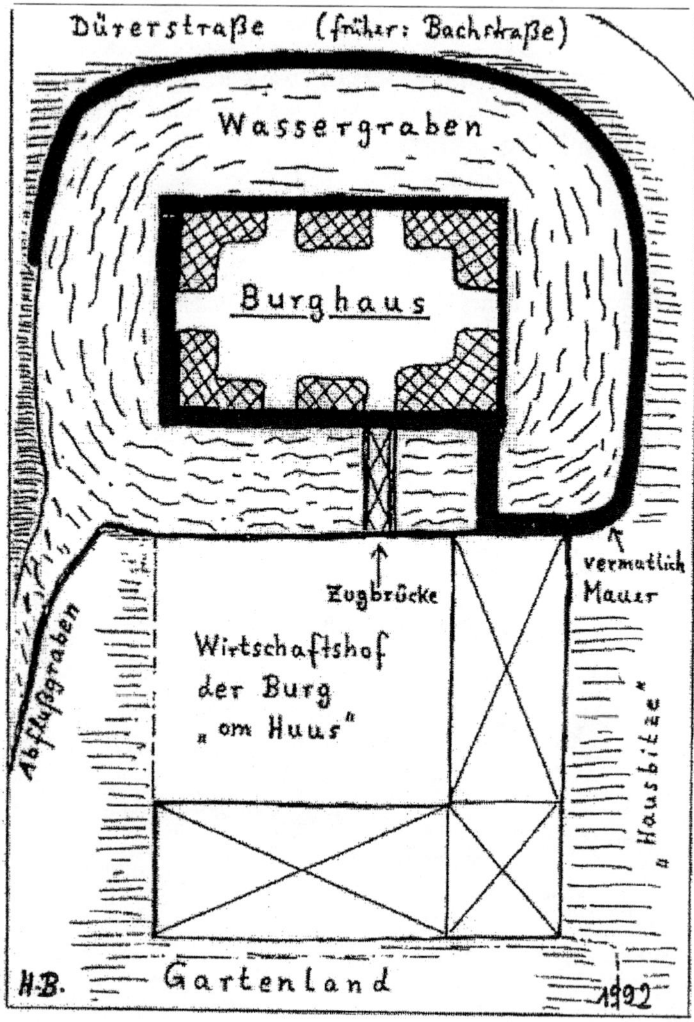

Situationsplan der früheren Dersdorfer Burg „om Huus“

„Et Hääre Jöötche“:

Der barocke Lindenhof zu Dersdorf

Der barocke Lindenhof zu Dersdorf

Etwas oberhalb der früheren Dersdorfer Wasserburg „om Huus" liegt inmitten eines gepflegten Gartens, der in eine Streuobstwiese übergeht, ein barockes herrschaftliches Haus, der so genannte Lindenhof, der von der älteren Einwohnerschaft Dersdorfs früher auch gern als „Hääre Jöötche" (Herrengütchen) bezeichnet wurde.

Die Geschichte des Anwesens geht auf das 16. Jahrhundert zurück. Die ersten Erwähnungen fallen in die Jahre 1578 und 1599 und kennzeichnen das damals freiadelige Gut derer von Illem und später von Goltzheim als bedeutenden Winzerhof. Je nachdem, welche Familie den Hof besaß, trug er die Bezeichnungen „Illems-Guet", „Ilemer Hoff", „Bolandtsgut", „Palants-Hof", „Gillis-Hof" usw. Ursprünglich bestand dieser Güterkomplex aus zwei Hofstellen, von denen eine im 18. Jahrhundert niedergelegt wurde.

*

In einer Güterbeschreibung von 1576 wird die Dersdorfer Dorflinde mehrfach erwähnt, unter der offensichtlich Gericht gehalten wurde. Bei dieser Linde bestand das hier kurz zu skizzierende Anwesen, das 1736 als zur Burg Bornheim gehörend folgendermaßen bezeichnet wurde: „Der Linden Hoff zu Derstorff gleichfalls ein hochadeliches Hauß und Guth." 1750 werden die Eheleute Henrich Frings und Gertrud Werkers als „Lindenhalfen zu Dersdorff" erwähnt. Wenige Jahre später wurde das Wohnhaus in barocken Formen neu erbaut. Kennzeichnend für das formschöne Wohnhaus ist der dreiseitig vorspringende Mittelrisalit auf beiden Traufseiten. Im Haus befand sich auch eine kleine Privatkapelle. Den um 1760 entstandenen barocken Neubau hat wahrscheinlich Johann Georg Leydel entworfen. Im 19. Jahrhundert kam noch ein schlichter Anbau hinzu. Das Kelterhaus, in dem einst riesige Wein- und Gärfässer lagerten, ist noch vollkommen erhalten.

Im Verlauf des 19. Jahrhunderts ist der Lindenhof nacheinander im Besitz der Familien Comp, Honnecker, Nagelschmitz und Schmitz. Nach dem Ersten Weltkrieg erwarb die Familie Koepp das Gut. Eine mächtige, unter Naturschutz stehende Esskastanie bildet einen reizvollen Kontrast zum gelb gestrichenen Wohnhaus des Lindenhofs. Sie wurde höchstwahrscheinlich zur selben Zeit gepflanzt, als das barocke Haus erbaut wurde. Es handelt sich wahrscheinlich um die prächtigste Esskastanie des gesamten Rhein-Sieg-Kreises.

Den schönsten Blick auf den Lindenhof hat man vom Waldorfer Weg aus, denn über eine von vielerlei Pflanzen biotopartig gestaltete unregelmäßige Feldbrandziegelmauer erschließen sich die gepflegten Gartenanlagen mit dem barocken Wohnhaus am besten.

„Haus Dornich“ und „Pöngshoff“:

Wissenswertes aus der Geschichte der einstigen Wasserburg zu Waldorf

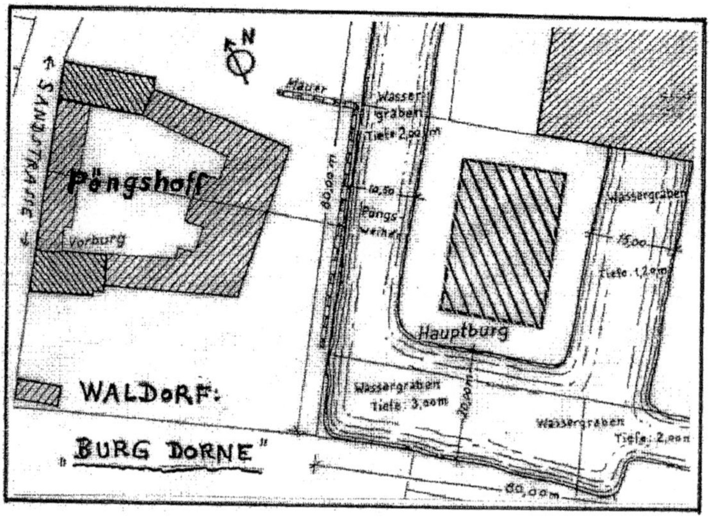

Burg Dorne und der „Pöngshof“ zu Waldorf

Im unteren Teil von Waldorf, etwas oberhalb der heutigen Bonn-Brühler Landstraße, erhoben sich einmal die Gebäude einer Wasserburg mit zugehörigem Wirtschaftshof. Die Geschichte dieser Anlage ist verhältnismäßig spärlich dokumentiert. Heute stehen von der einstigen Vorburg unmittelbar an der Sandstraße noch einige Gebäudeteile aus dem 18. Jahrhundert.

Hinter diesem parzellierten Gehöft, das im Waldorfer Volksmund unter dem Namen „Pöngshoff" geläufig ist, stand leicht erhöht, auf einem Damm, eine Burg. Am Ort dieser Wasserburg befindet sich heute ein großer Baumarkt. In einer Ausdehnung von etwa 80 mal 80 Metern umgaben breite Wassergräben das Burghaus. Gespeist wurden diese Gräben von verschiedenen Siefen und Bächen, unter anderem vom Donnerbach. Begrenzt waren die Gräben von künstlichen Wällen; daher rühren noch die alten Flurnamen „om Damm" und „om Wall". Das Grabensystem stand in Verbindung mit dem nahen Landgraben, der im Mittelalter die Ansiedlungen am Vorgebirge vor Überfällen, Plünderungen und Brandschatzungen insbesondere der Kölner Bürgerschaft schützen sollte, denn oftmals standen die Erzbischöfe der Domstadt in Fehde mit der freien und sehr wehrhaften Reichsstadt Köln. Die Lage der Waldorfer Burg war also sorgsam ausgewählt worden.

Im Jahr 1327 wird als erster bekannter Burgherr Ritter Wilhelm „von Dorn" genannt. Einer seiner Nachfahren, Ritter Johann, ist 1374 Eigentümer des in jenem Jahr eher beiläufig erwähnten „domus (= Haus) dornich in Waildorp". Die Ritter von Dorn hatten auch im benachbarten Hemmerich Eigentum. Eine Urkunde von 1380 erwähnt Waldorfer Liegenschaften „by dem Lande van Dorne". 1429 wird die Burg „ten Dorn" genannt. Bewohnt wurde sie damals von der Witwe Ida von Dorn, die laut Testament in der Waldorfer Pfarrkirche St. Michael bestattet werden sollte. In zweiter Ehe heiratete sie Johann IV. Schall von Bell. Der aus dieser Ehe entsprossene zweite Sohn Johann Schall von Bell erbte die Burg, als deren Eigentümer er 1433 ausdrücklich genannt wurde. Über 200 Jahre lang besaßen die Schall von Bell nun die Burg zu Waldorf. Ihre nächsten Verwandten saßen auf der Schallenburg zu Schwadorf.

1583 brandschatzten im Kölnischen Krieg bayerische Truppen, die bei Sechtem ihr Lager aufgeschlagen hatten, Waldorf mitsamt der Burg, die erst 1608 wieder aufgebaut wurde. 1609 sind die neuen

Besitzer Joist Pfingsthorn, Ratsherr zu Köln, und seine Frau Sibilla geb. Wickrath. 1616 schenkte die mittlerweile verwitwete Sibille die „Schallengut“ genannte Burg zu Waldorf ihrem Schwager Evert Jabach und ihrer Tochter Anna Reuter. 1615 wurde gerichtlich festgestellt, dass die Burg den Status eines Rittersitzes mit Asylrecht hatte.

Der Name „Pfingsthorn“ wurde im Waldorfer Volksmund stark verballhornt, so dass Burg und Wirtschaftshof 1671 zusammen als „Pingsthof“ bezeichnet werden. Einige Jahre zuvor, 1667, hatte Johann Baptist zum Bach genannt Coesfeld, seines Zeichens kaiserlicher Postmeister zu Köln, in dritter Ehe die Anna Maria von Honthum geheiratet. Diese brachte ihrem Mann den auf 7000 Reichsthaler geschätzten Dornhof zu Waldorf als Eigentum zu. Der im 18. Jahrhundert neu errichtete „Pingshof“, der bis dahin stets in Pacht gegeben worden war, wurde nun verkauft und das zugehörige Land kam parzellenweise in die Hand der freien Waldorfer Bauernschaft. Der als Vorburg dienende Wirtschaftshof, der „Pöngshoff“, wurde in der Folge in zwei gleich große Komplexe geteilt. Den Innenhof teilte eine Grenzmauer.

Heute ist die Gesamtsituation stark verändert, da von der eigentlichen Burg keinerlei Spuren mehr erkennbar sind. – Der „Dorner-Kuhl-Weg“ jenseits der Bahntrasse erinnert vom Namen her noch an das einst in Waldorf ansässige Rittergeschlecht derer von Dorn(e).

Blick in den „Pöngshof“ zu Waldorf

Lag in Kardorf einmal eine Burg?

Das 1156 erstmals urkundlich bezeugte Kardorf war ein bedeutender Winzerort mit etlichen geistlichen und adeligen Gütern. Unter anderem nannten hier die Kölner Kartäuser, das Brühler Zisterzienserinnenkloster Benden sowie die Abtei Knechtsteden Höfe und Liegenschaften ihr Eigen. Durch den Ort führte der Römerkanal, der heute noch gelegentlich bei Baumaßnahmen angeschnitten wird. Im Kardorfer Gemarkungsbereich liegt auch der unterhalb von Hemmerich und Rösberg gelegene Altenberger Hof, der einst den Jesuiten zu Walberberg gehörte und der einmal zu den bedeutenden Weingütern des Vorgebirges zählte.

Hin und wieder taucht die Frage auf, ob es denn in Kardorf einmal eine Burg gegeben habe. Im 13. und 14. Jahrhundert sind einige Mitglieder einer im Raum Lechenich lebender Familie bezeugt, die sich nach ihrem Herkunftsort „von Kardorf" nannte. So werden beispielsweise in den Jahren 1346 bis 1410 Christian bzw. Johannes von Kardorf als Schöffen zu Lechenich genannt. Stammt deren Familie ursprünglich von einer Burg? Wir wissen es mangels entsprechender Angaben nicht.

Zu Kardorf gehörte außer dem 1197 erwähnten Ortsteil „Bruchkin" und dem auf Waldorf zu gelegenen „Haitgenhusen" (belegt 1349 und 1369 im Urkundenbestand der Kölner Kartäuser) die 1346 dokumentierte Teilsiedlung „Cassel", deren Name in der z.B. 1652 und um 1755 belegten Flurbezeichnung „Kastelberg" tradiert wurde. Die Bezeichnung „Cassel" könnte auf eine frühere Burg, auf ein Kastell, hinweisen. Indessen ist dies mit Blick auf Kardorf keineswegs sicher.

Vielleicht erhob sich im unteren Teil Kardorfs einmal eine burgartige Anlage im Nahbereich des mittelalterlichen Landgrabens. Hier standen auf der Ecke Lindenstraße / Schelmenpfad einst die Gebäude des Tomberger Hofs. Sie lagen in der Nähe des Landgrabens, der in diesem Teilabschnitt als „Quiller" (= quellendes Gewässer) bezeichnet wurde. Dieses einst von Wassergräben umgebene Gehöft gehörte 1401 Conrad von Tomburg und Landskron. Hier könnten früher einmal die Herren von Kardorf ihr Domzil gehabt haben.

Im Jahr 1478 besaß Johann Quad den Hof, und 1485 sehen wir Jörg(en) von der Leyen (auf Burg Olbrück) als neuen Eigentümer des Kardorfer Hofs. Zuletzt besaß der Trierer Kurfürst Franz Kaspar von der Leyen den Tomberger Hof, den er 1671 verkaufte, um mit dem Geld seine neue Blieskasteler Residenz finanzieren zu können. Später wurde die historische Hofanlage abgerissen.

Man sieht, dass im Hinblick auf eine in Kardorf möglicherweise einmal bestehende Burg nur unsichere Spekulationen geäußert werden können.

Von der Ritterburg zur Ruine:

Aus der Geschichte der traditionsreichen Burg Hemmerich

Wappen der Ritter von Hemberg

Das auf dem Höhenkamm des Vorgebirges gelegene Haufendorf Hemmerich wird erstmals 1163 urkundlich in der Form „Himberg“ erwähnt. Damals bestand zwischen Hemmerich und Kardorf ein Hof des Bonner Stiftes Dietkirchen, der in späteren Jahrhunderten als „Bodenheimer Hof“ mehrfach Erwähnung findet und auf den sich der Flurname „Bodenheimer Fläche“ als Bezeichnung eines früheren Rebgeländes bezieht. Der Ortsname bedeutet ursprünglich „auf dem hohen Berg“ (erschließbar über die vielfach bezeugten Vorgängervarianten „Heyenberg“, „Hohenberg“, „auf dem Hommerich“ usw.). Am Südrand von Hemmerich erstreckte sich der kleine Weiler Ginhoven, der 1225 erstmals urkundlich erwähnt wird.

Mitten im Dorf erhebt sich eine Burg von weiträumigen Ausmaßen, deren Fundamente teilweise auf römischen Substruktionen stehen. Möglicherweise befand sich hier einmal ein römisches Kleinkastell (mit Blickkontakt zur Colonia Claudia Ara Agrippinensium, der Hauptstadt der römischen Provinz Germania Inferior). Im Park der Burg befindet sich noch ein römischer Sarkophag.

Die Burg der Ritter von Hemberg (= Hemmerich) könnte im 11. oder 12. Jahrhundert erbaut worden sein. Der erste indirekte Hinweis auf ihr Bestehen fällt in das Jahr 1208, in welchem ein Ritter Pawin von Hemberg erwähnt wird. Zahlreiche Ritter aus dem Hause Hemberg trugen diesen Namen bis ins 16. Jahrhundert hinein. Wörtlich tritt die Burg erstmals 1360 mit der Angabe „domus sive castrum Hemberg“ (= Haus oder Burg Hemmerich) ins Licht der Überlieferung. Die Ruinen dieser Ritterburg waren nach dem Zeugnis des Kölner Historikers Aegidius Gelenius (1595 bis 1656) noch im 17. Jahrhundert zu sehen.

Die Ritter von Hemberg waren unter anderem verwandt mit den Burgherren vom Drachenfels, und die drei jakobäischen Pilgermuscheln in ihrem Wappen weisen deutlich auf eine genealogische Verbindung mit dem Haus Metternich an der Swist hin. Die Entfernung der beiden Dörfer beträgt nur drei Kilometer. 1288 hatte Pawin „der Ältere“ auf Seiten des Kölner Erzbischofs an der Schlacht bei Worringen teilgenommen. Derselbe Pawin tritt einige Jahre später, 1313, unter Erzbischof Heinrich II. als Schiedsmann auf. Namentlich sind auch drei Nonnen aus der Familie von Hemberg bekannt, die in das damalige Zisterzienserinnenkloster zu Walberberg eingetreten waren: Elisa (1299), Luitgardis (1321) und Nesa (1401).

Zu hohen Würden kam das Rittergeschlecht von Hemberg durch die Belehnung mit dem Amt des kurkölnischen Erbkämmerers, dem die Leitung des Finanzwesens oblag. Zunächst bekleideten dieses vormals germanische „Hausamt" die Ritter von Bachem bei Frechen. Der ohne männliche Nachfahren gebliebene Werner von Bachem, geheimer Rat des Kölner Erzbischofs, erklärt 1396 gegenüber Erzbischof Friedrich III. von Saarwerden, dass er sein Amt mit allen Rechten und Pflichten aufgeben wolle. Sein Schwiegersohn Pawin von Hemberg und dessen Erben sollten nunmehr damit belehnt werden. Dies geschah dann auch im Jahr 1402. Die mit der Erbkämmerei verbundene Burg Bachem wurde nun nach ihren neuen Lehensträgern benannt und erhielt den Namen „Haus Hemmerich". Die spärlichen Ruinen dieser Burg sind heute noch im Park des Gutshofs Neu-Hemmerich zu sehen. Mehr dazu im nachfolgenden kurzen Kapitel.

1520 trat Johann von Hemberg, der keinen männlichen Nachkommen hatte, das Amt des Erbkämmerers an seinen Enkel Rutger von Aldenbrüggen genannt Vellbrüggen oder Velbrück ab. Rutger war der älteste Sohn des Ludolph von Velbrück zu Metternich und der Christina von Hemberg. Als der letzte männliche Erbe, Johann von Velbrück, starb, ging die Erbkämmerei an dessen Schwiegersohn Sigismund Raitz von Frentz zu Kendenich über. Nach dem Tod des letzten Nachkommens belehnte Kurfürst Clemens August 1733 den Grafen Ferdinand von Plettenberg mit diesem Amt.

Das Rittergut Burg Hemmerich blieb insgesamt ein Jahrhundert lang im Besitz derer von Velbrück, von denen es durch Heirat im Erbgang 1611 an Gumprecht von Gevertzhagen kam, der Herr von Attenbach und Amtmann zu Blankenberg war. Dessen Nachfolger war Wilhelm Arnold von Gevertzhagen, der sich im Dreißigjährigen Krieg (1640) über die Einquartierung von Soldaten auf Burg Hemmerich beschwerte und hierüber öffentlich Klage erhob.

Nach einer langen, überaus verwickelten Erbfolge gelangte die Burg schließlich mit 126 Morgen Ackerland, 60 Morgen Wald, Haus-, Wein- und Obstgärten, Fischerei und freier Jagd, verschiedenen Grundpachten sowie etlichen Renten durch Kaufvertrag vom 21. August 1677 an Johann von Francken-Sierstorff, seines Zeichens Domkapitular und Regens des Laurentiner Gymnasiums zu Köln. Dieser war ein Vorfahr des bekannten kurfürstlichen Hof- und Geheimrats Johann Arnold Engelbert von Francken-Sierstorff.

In den genealogischen Tafeln und verschiedenen Adelslexika heißt es übereinstimmend, dass mit Jacob von Hemmerich, der 1652 in einer Urkunde des Domstiftes Corvey genannt wird, der Stamm der Herren von Hemberg erloschen sei. Zeitgenössisch werden indessen jedoch noch 1720 die Ritter Friedrich, Wilhelm und Georg von Hemmerich als Teilnehmer an Turnieren in Worms, Ingelheim und Darmstadt genannt.

Der 1696 verstorbene Johann von Francken-Sierstorff vererbte Burg Hemmerich nicht weiter, sondern verfügte in seinem Testament, dass der gesamte Besitz nach seinem Ableben mit allem Inventar, dem Zehnten und sonstigen Rechten verkauft werden solle. Den Verkaufserlös hatte er den Hausarmen und Notleidenden zugedacht. Käufer war Ferdinand Rensing, Amtmann zu Liedberg, dessen Enkelin Maria Elisabeth Rensing 1705 den Kölner Patrizier Caspar Freiherrn von und zum Pütz heiratete. Damit kam die Burg in den Besitz einer Familie, die nun über hundert Jahre in Hemmerich residieren sollte und mit der Entwicklung des Dorfs aufs engste verbunden war.

Caspar Baron von und zum Pütz (gestorben 1729) stand als „Colonel“ und „Appellations-Commissar“ in hohen Ehren. Nach seiner Leibgarde wurde vielleicht die frühere „Corporalsgasse“ (seit 1951 „Maaßenstraße“) in Hemmerich benannt, wo die Familie Haus- und Gartenbesitz hatte. Auf ihn folgte Johann Caspar Joseph, der 1756, 1762 und 1765 Bürgermeister von Köln war. Dessen Sohn Johann Mathias heiratete 1765 Maria Catharina Henriette von Merle. Aus dieser Ehe gingen drei Söhne hervor, von denen zwei geistliche Berufe ergriffen. Eine Tochter starb 1779 bei einem Unfall in Kardorf, woran das barocke Kreuz „an der Linde“ am Aufgang zum „Bulig“ (Ecke Moosgarten / Uhlstraße / Krüpelsgasse) erinnert. Das Kind war damals auf tragische Weise unter die Räder der elterlichen Kutsche geraten, die sich auf dem Weg nach Köln befand. Die Kreuzesinschrift mahnt: „Wanderer, so lebe, wie ein Mensch, der einstens selig sterben soll. So lebte, so starb die hochwohlgeborene Fräulein Maria Theresia zum Pütz am 7. Juni 1779.“ Einer ihrer Brüder hatte die Hemmericher Vikarie gestiftet, deren historische Hofgebäude neben der 1904 erbauten „neuen“ Vikarie an der Maaßenstraße noch vorhanden sind.

1813, fast gegen Ende der französischen Herrschaft, verkaufen die drei Söhne – die Eltern waren mittlerweile verstorben – die Burg an Léonard du Neveu de Vuambez aus Köln für nicht ganz 18.000 Francs. Damit war die Herrschaft der Freiherren von und zum Pütz in Hemmerich erloschen. Nach einem weiteren Zwischenbesitzer, dem Kölner Kaufmann und Makler Clemens August Selner (1819) gelangte die Burg 1824 mit sämtlichen Liegenschaften an die aus dem Hessischen stammende freiherrliche Familie von Nordeck zu Nordeck.

Käufer war Carl Freiherr von Nordeck zu Nordeck (1793 bis 1853), der als Autor von Gedichten und Dramen („Tancred und Clorinde", „Die Kunst zu gefallen", „Cassandra", „Bluthochzeit", „Jacobe von Baden" u.a.) hervortrat, die er vielfach in seinem „Dichterhäuschen" schrieb, einem barocken Pavillon von 1731 am Ende des Burgparks (von der Pützgasse her gut sichtbar). Hunold Freiherr von Nordeck zu Nordeck (1909 bis 2004) und seine Frau Anna Maria Freifrau von Nordeck zu Nordeck (1929 bis 2008) waren die letzten Bewohner der Burg Hemmerich aus dieser adeligen Familie.

*

Zur Baugeschichte von Burg Hemmerich ist - kurz gefasst - folgendes mitteilenswert: In den Jahren 1729 bis 1731 wurde unter der Herrschaft der Familie von und zum Pütz der gesamte Komplex in ländlich barocken Formen neu erbaut. Um einen weiten Ehrenhof legen sich die Wirtschaftsgebäude, der heute noch vorhandene barocke Torturm an der Jennerstraße (vielleicht eine Reminiszenz an einen früheren Torturm aus dem Mittelalter) sowie schräg davon auf der Südwestseite abgesetzt das herrschaftliche Wohnhaus mit halb hohen flankierenden Seitentürmen. Zwei Ansichten von 1847 und von etwa 1860 belegen diese Angaben. Neben dem Burghaus erhob sich bis zu ihrem Abbruch im Jahr 1898 die alte Pfarrkirche St. Aegidius, die zunächst eine Burgkapelle der Ritter von Hemberg war, denn in einem Gewölbeschlussstein des als Rest dieses Gotteshauses stehen gebliebenen Friedhofkapellchens mit dem Jahresdatum 1539 erkennt man das Allianzwappen von Hemberg / von Velbrück. Auf rotem Grund sieht man drei silberfarbige Pilgermuscheln.

Im nach französischem Vorbild gestalteten Park mit regelmäßigen Bosketts erhebt sich ein formschöner achteckiger Pavillon, das bereits erwähnte (im örtlichen Volksmund so bezeichnete) „Dichterhäuschen", das vor einigen Jahren renoviert wurde und seither wieder ein schiefergedecktes Mansarddach trägt. Im Inneren dieses barocken

Kleinods befanden sich einst seidene Tapeten. Die Decke wurde von einem allegorischen Fresco geziert, das die Göttin Flora auf Wolken zwischen einigen Putti schwebend darstellte. Über dem Kamin befand sich ein verblichenes Jagdstück.

Nach einem Großbrand im Jahr 1869 wurde das Herrenhaus der Burg in neorenaissancistischen Formen wieder aufgebaut. Die Pläne für den Neubau hatte Wilhelm Graf Mörner (vgl. hier im Kapitel über das „gelbe Schlösschen“ zu Roisdorf) geliefert. Um 1860 setzte im Rheinland allgemein eine aus zwei Quellen gespeiste Renaissance-Bewegung ein: Aufgegriffen wurden Bau- und Dekorformen der italienischen Hochrenaissance sowie rheinisch-niederländische Elemente der Renaissance. Eine große Wappenkartusche mit dem von Nordeckschen Wappen an der Nordostseite des Wohnhauses (jetzt in der großen von Nordeckschen Jagd- bzw. Trophäenhalle auf der Südseite des Ehrenhofs) ist ein Beleg für das in der Fachwissenschaft so bezeichnete „introvertierte Bauen“, das eine bestimmte Besitzerfamilie besonders charakterisiert. Der barocke Torpavillon (einst als „Duffes“ = Taubenhaus bezeichnet) mit seinen übereck gestellten Pilastern und seinem kunstvoll verkröpften Gesims sowie das neue Wohnhaus, das im August 1945 (also einige Monate nach Beendigung des Zweiten Weltkriegs) ein Raub der Flammen wurde und bis heute eines Wiederaufbaus harrt, bilden zwar einen architektonischen Kontrast, der freilich durch die niedrigere Zwischenbebauung (mit dem aufliegenden im Volksmund so bezeichneten „Spaziament“) stark gemildert wird. Der barocke Torbau könnte von Johann Conrad Schlaun entworfen worden sein. Die auf der Brandruine heute noch sichtbaren Eisenanker sind vertauscht: Das von ihnen gebildete Erbauungsjahr des früheren barocken Burghauses muss von 1713 in 1731 umgedeutet werden.

Heute sind weite Teile der Gesamtanlage, die mitunter als „Schloss Hemmerich“ bezeichnet wird, Dank der erfolgreichen Bemühungen der letzten Besitzerin in einem ordentlichen baulichen Zustand. Nur das Herrenhaus bietet weiterhin einen tristen Eindruck, denn der Zahn der Zeit nagt unaufhörlich weiter an diesem riesigen und rissigen Gemäuer, dessen umlaufender orangefarbener Muschelfries vielleicht auf das alte Muschelwappen derer von Hemberg deutet. Im Herrenhaus ist heute eine üppige Vegetation zu beobachten. Zahlreiche Holunderbüsche und andere Pflanzen bilden hier ein richtiges Biotop, das den Reiz der Ruinenromantik noch verstärkt.

Der einst zur Burg gehörende Wirtschaftshof wurde stets verpachtet, zuletzt (in den 1960er und 1970er Jahren) an die Familie Heiliger. Den zugehörigen Eigenjagdbezirk bewirtschaftete der Burgbesitzer selbst. Seit etlichen Jahren hat er einen neuen Eigentümer und ist verpachtet.

Burg Hemmerich im Jahr 1847

Torpavillon der Burg Hemmerich
Blick durch die Einfahrt auf den alten Gasthof „Zur Eiche“

Burg Hemmerich von Norden her gesehen

Exkurs:

Burg Hemmerich in Frechen-Bachem

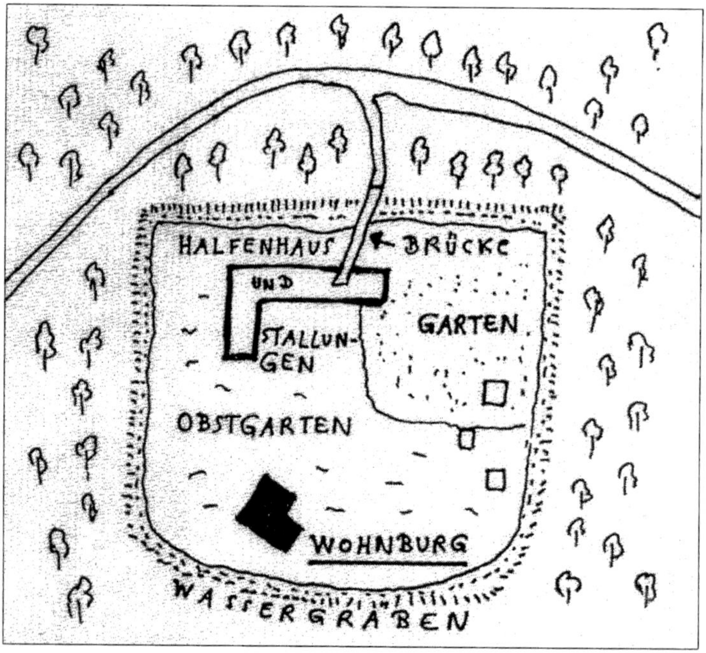

Situationsplan der früheren Burg Hemmerich
in Frechen-Bachem

In Bachem (Stadt Frechen) gibt es mehrere Burgen bzw. befestigte Häuser, Haus Bitz, Burg Bachem sowie Burg Hemmerich bzw. Gut Neu-Hemmerich. Die im Park eines weitläufigen Gutskomplexes gelegene kleine Ruine der früheren Burg Hemmerich (sie gilt als die älteste der Bachemer Burgen) weist auf eine Anlage des 13. Jahrhunderts zurück. Sie bestand in ihrem Hauptteil aus einem starken, nahezu quadratischen Wehrturm („Berfes") aus Tuff und Basalt, in jüngeren Bauteilen (15. / 16. Jahrhundert) aus Backstein. Einige Annexgebäude stammen aus späterer Zeit. Der auf einem kleinen Hügel stehende Baukörper erweist sich burgenkundlich als recht aufschlussreich, wie die Forschung betont, die ihn als Zwischenglied in die Entwicklung vom viereckigen Holzturm zum so genannten Rundling stellt. Noch heute ist ganz klar erkennbar, dass sich am Ort der Burg zunächst eine Motte befand, deren Aufschüttung bei einer Besichtigung sofort ins Auge springt. Die Ruine sowie das unmittelbar benachbarte große Hofgut Haus Neu-Hemmerich befinden sich in Privatbesitz.

Eine Zeichnung von Renier Roidkin von etwa 1735 / 1740 nimmt die alte Burg Hemmerich aus einiger Entfernung in den Blick. Deutlich erkennt man den Wohnturm, der damals ein hohes Spitzdach trug. Ein Situationsplan aus dem Jahr 1806 zeigt die damalige Gesamtanlage mit Wohnburg, Halfenhaus, Stallungen, Gärten und einem das gesamte Areal umgebenden Wassergraben, der auch heute noch teilweise vorhanden ist. Eine Zeichnung aus dem Jahr 1893 bietet einen Eindruck vom damals bereits ruinösen Wohnturm.

Im vorangehenden Kapitel über Burg Hemmerich im Vorgebirge ist der Zusammenhang mit dem hier nur knapp skizzierten Objekt dargelegt.

Die Ruinen der Burg Hemmerich in Frechen-Bachem

Rösberg:

Von der befestigten Grafenburg zum barocken Jagdschloss im Stil einer Maison de Plaisance

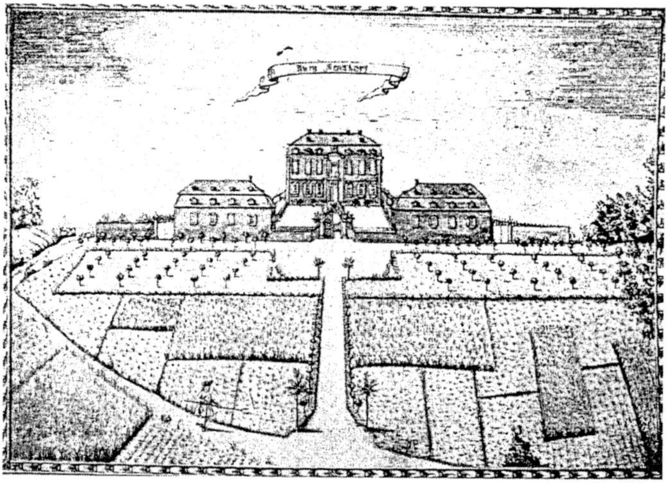

Das barocke Jagdschloss Rösberg auf einer Zeichnung von Johann Conrad Schlaun (um 1728)

Blick auf Rösberg
mit seinem 1731 fertig gestellten neuen Barockschloss

Die ehemals kurkölnische Herrlichkeit Rösberg ist burgengeschichtlich höchst bemerkenswert. Im Jahr 1067 wird das Haufendorf auf dem Höhenrücken des Vorgebirges erstmals im Zusammenhang mit seiner Pfarrkirche in einer Urkunde des Kölner Erzbischofs Anno II. erwähnt.

Die ersten bekannten Grundherren von Rösberg waren die Grafen von Are (Neuenahr), die 1194 in einem eher unrühmlichen Zusammenhang erwähnt werden, da sie nämlich auf dem durch die Rösberger Feldgemarkung verlaufenden Heer-, Handels- und Pilgerweg von Bonn nach Aachen im Bereich der nach Weilerswist zu gelegenen Dobschleide den Kaufleuten aus der Krönungsstadt Aachen widerrechtlich Zoll abknüpften. Dies wurde ihnen per kaiserlichem Dekret untersagt; dennoch blieben die Grafen von Are, die auf ihrer Burg zu Rösberg residierten, lange Zeit hindurch als Raubritter gefürchtet. Sie standen nicht (wie die benachbarten Ritter von Hemmerich) auf Seiten des Kölner Erzbischofs, sondern kämpften beispielsweise in der Schlacht von Worringen (1288) in den Reihen der Söldner des Herzogs von Brabant. – Vereinzelte Namensträger „von Rodesberg" (= Rösberg) gaben hin und wieder der Vermutung Nahrung, es handele sich hier um ein Adelsgeschlecht, das in Rösberg einen festen Sitz gehabt habe. Die Kurzform „Rode" für Rösberg hat sogar dazu geführt, hier das Urgeschlecht der bekannten Familie von Merode zu erkennen. Dies alles ist spekulativ, da nicht belegbar.

Tatsache ist, dass ein Zweig der erwähnten Grafen von Neuenahr eine Burg in Rösberg besaß. Diese erhob sich mitten im Dorf und stand in direkter baulicher Verbindung mit der Pfarrkirche St. Markus, die dereinst viel kleiner war als das 1707 neu erbaute gegenwärtige Gotteshaus und die den Grafen als Burgkapelle diente. Am Ort von Burg und Kirche befand sich in römischer Zeit ein Kleinkastell, das wie dasjenige in Hemmerich der Sicherung der römischen Staatsstraße von Köln nach Trier diente, die genau auf der Grenze (Altenberger Gasse / Kuckucksweg) zwischen Hemmerich und Rösberg verlief und auf Metternich zu führte.

1371 ließ Erzbischof Friedrich III. von Saarwerden, der von 1370 bis 1414 amtierte und der mit Graf Johann von Neuenahr in Fehde lag, Rösberg mitsamt seiner Burg nächtens in Schutt und Asche legen. In der in altkölnischem Dialekt verfassten „Cronica van Collen", die den Zeitraum von 274 bis 1399 umgreift, heißt es diesbezüglich wörtlich:

„In den iaren uns heren 1371 do brach busschof Frederich Nuwenar, Goirsdorp, Rodesberch (= Rösberg) ind Merzenich.“ Zuletzt kämpfte Adolf Graf von Neuenahr im Kölnischen Krieg (1582 bis 1584) im zweifelhaften Ruf eines Söldnerführers des abgesetzten Kurfürsten Gebhard II. Truchsess von Waldburg gegen den späteren Kurfürsten Ernst I. aus Bayern.

Im Nachfolgebau der damals zerstörten Burgkapelle befand sich laut Visitationsprotokoll vom 10. Juni 1687 auf der Evangelienseite ein Epitaph für Graf Gumprecht I. von Neuenahr. Im nach 1595 erneuerten Weistum der Herrlichkeit Rösberg findet das Eingangstor der Grafenburg als „Borch pfortzen“ Erwähnung. Das Areal der Burg dürfte gut die Hälfte des alten Friedhofs an der Von-Weichs-Straße, die Kirche, den Bereich des alten Pfarrhauses und den Ort der späteren Gastwirtschaft Lang (mit zugehörigen Gärten) eingenommen haben. – Der Turm der 1707 neu erbauten Rösberger Pfarrkirche St. Markus ist der letzte bauliche Rest der früheren Grafenburg. Im Inneren des aus mächtigem Mauerwerk bestehenden Turmes ist das alte Steinmaterial in der Glockenstube noch sichtbar.

Nachdem die Grafen von Neuenahr Inhaber der Lehnsherrschaft Rösberg gewesen waren und nacheinander die Brüder Wilhelm und Johann Ketteler zu Nesselrode, Adam Graf von Schwarzenberg sowie die Kölner Jesuiten Dorf und Herrlichkeit als Pfand besessen hatten, erleben wir ab dem Jahr 1623 die aus Bayern stammenden Freiherren von und zu Weichs an der Glon als neue Grundherren von Rösberg. Der aus dem bayerischen Hause Wittelsbach stammende Kölner Kurfürst Ferdinand belehnte in diesem Jahr, also in der Zeit der Wirren des Dreißigjährigen Kriegs, Gaudenz Baron von Weichs (1595 bis 1641) mit der traditionsreichen Herrschaft.

Die Freiherren von Weichs dienten dem Kurfürsten als kurkölnische Obristjägermeister. Zunächst hatte der neue Grundherr Rösberg wie seine drei Vorgänger als Pfandverschreibung inne. Die Belehnung wird 1629 urkundlich bekräftigt. Zunächst wohnten auch die Freiherren von Weichs in der alten Burg, für deren Wiederherstellung die Kölner Jesuiten 594 Goldgulden berappt hatten. Denn länger als zwei Jahrhunderte hatte das Gemäuer nahezu als Ruine niedergelegen. – Am Ort der ehemaligen Grafenburg erbaute später Ferdinand Freiherr von Weichs (1624 bis 1675) einen neuen Wohnsitz, der urkundlich 1669 erwähnt wird: „Wir Johan Osten Stadthalter, fort Christian Curt, Herman Ipp, Peter Schumacher, frein Maaß und Johan Eyl scheffen des Gerichts der Herrlichkeit Roeßbergs bezeugen, demnach wir von unser vurfahren scheffen und nachpahren allhier verstanden, dass vormals allhier Dorf und platz, allwohe ietzo unser gnädiger Herr Ferdinand Freiherr von und zu Weichs seine Wohnbehausung gesetzet, so auch annoch der Burghoff genant wird, eine Burg und haus den herren Grawen von Newenahr zustendig, welche zu selbiger Zeit hiesiger Herrlichkeit Inhaber gewesen, gestanden, warvon die rudera (= Trümmer, Schutt, Baureste) und alte Mauerwerke annoch vor wenig Jahren, die fundamenta aber annoch vorhanden und zu sehen." - Es sollten indessen noch Jahrzehnte bis zu einem völligen Neubau verstreichen.

*

Einer Urkunde vom 19. August 1726 ist zu entnehmen, dass Ferdinand Joseph Freiherr von Weichs von den Erben des vormaligen Rösberger Ortsgeistlichen Gerhard Osten, der sich maßgeblich für den 1707 fertig gestellten Kirchenneubau eingesetzt hatte, den so genannten Steinacker gekauft hatte, um dort ein neues Wohnhaus erbauen zu lassen. Diesem Grundstückskauf sowie dem geplanten Bauvorhaben stimmten die kurkölnischen Stände und auch die Gemeinde Rösberg zu. Am 7. Mai 1727 übernimmt der Baron den Steinacker zu Lehen und erklärt den Platz der alten Burg zum Allodialgut. Kurfürst Clemens August erlaubt, das Bauholz für den Neubau aus den Büschen des Lehnsgutes Rösberg zu entnehmen. Die Ziegelsteine für das neue Schloss wurden in der Nähe des alten Burghauses auf einem Grundstück der Eheleute Poeldtner geformt. Die dabei entstandene Vertiefung wurde zu einem Weiher ausgebaut, der im Volksmund den Namen „Dränk" erhielt. Vor einigen Jahrzehnten wurde dieser Weiher trocken gelegt und zugeschüttet. Heute stehen dort (zwischen Weberstraße und Metternicher Straße) neue Wohnhäuser.

Da Ferdinand Joseph Freiherr von Weichs als Obristjägermeister (dem die zwölf rheinischen Landjägereien unterstanden und der für die Organisation der großen kurfürstlichen Parforce- und sonstigen Jagden zuständig war) am kurfürstlichen Hof eine besondere Stellung inne hatte, lag es bei seinen offensichtlich beachtlichen Vermögensverhältnisen nahe, den Glanz des Hofes von Brühl bzw. Bonn auf das nur wenige Kilometer entfernte Rösberg herüberstrahlen zu lassen. Sein etwa 300 Meter nach Nordwesten versetztes Schloss, das im Stil der damals in Mode gekommenen herrschaftlichen trabantenartigen Ausflugshäuser, der Maisons de Plaisance (vgl. hier unter Bornheim), errichtet wurde, lag bewusst im damals unverbauten Blickfeld der Brühler Residenz. Diesem soziologisch aufschlussreichen Gesichtspunkt zur Seite steht die Konzeption des Schlosses „in situ", an Ort und Stelle: Die besondere Architektur sowie die kontrapunktische und dennoch harmonische Einbindung in die umgebende Landschaft sind bewusste Gestaltungselemente. Das Panorama vom Siebengebirge bis hin zum Kölner Dom baut sich vor dem Schloss als Staffage, als grandiose Landschaftskulisse auf. Umgekehrt bietet Schloss Rösberg einen Blickfang in erhabener Höhenlage.

Dass gerade der westfälische Barockbaumeister und Generalbaudirektor Johann Conrad Schlaun (1695 bis 1773) mit dem Entwurf für das neue Schloss beauftragt wurde, hat wohl weniger etwas mit dem zufällig gleichen Geburtsjahr des Architekten und des Bauherrn zu tun, sondern mit dem hohen Ansehen, dass dieser Baumeister in weiten Teilen des westfälischen und rheinischen Adels genoss. So zeichnete Schlaun die ersten Pläne für das Brühler Schloss Augustusburg, bevor er 1728 nach Münster versetzt wurde. Dem Rheinland blieb er jedoch weiterhin mit dem Entwurf von verschiedenen Landschlössern und adeligen Villen treu. Er zeichnete beispielsweise die Pläne für das Schloss in Kleinbüllesheim bei Euskirchen sowie für das Lippesche Landhaus in Bonn-Oberkassel.

Möglicherweise von Schloss Falkenlust, einem Werk der beiden befreundeten Baumeister François de Cuvilliés und Michael Leveilly, inspiriert, verwirklichte Schlaun in Rösberg nach eigenen Vorstellungen ein Musterbeispiel für den damals hoch im Kurs stehenden Typ der Maison de Plaisance. Wie einer Tuschezeichnung von 1731 (dem Jahr der Fertigstellung), einem Schlaunschen Fassadenaufriss und einigen Zeichnungen von Renier Roidkin (um 1735) zu entnehmen ist, trug das zweigeschossige Herrenhaus der symmetrischen Dreiflügelanlage ein Mansarddach. Eines der typischen Merkmale Schlaunscher Schöpfungen besteht in den eingetieften, abgerundeten Ecken, die seiner Architektur eine grazile Note verleihen.

Zwar sind Grundriss und Raumaufteilung des Wohngebäudes an französische Vorbilder angelehnt, doch schuf Schlaun ein Haus von eigenem Gepräge. Das Oktogon des Gartensaales bzw. Salons war eine beliebte Variante des Ovals und des Rundbaus. Äußerlich besticht das aus roten Ziegeln bestehende Gebäude durch seine vornehm-zurückhaltende Eleganz. Die zur Hof- und Parkseite hin dreiseitig abgewinkelten Wirtschaftsgebäude (ebenfalls mit schiefergedeckten Mansarddächern) umschließen vollkommen symmetrisch die weite „Cour d'Honneur", den Ehrenhof, dessen Mitte – dem Herrenhaus vorgelagert – ein Rondell aufnimmt. Auf der Westseite wird der Ehrenhof durch ein zentrales Portal aus Schmiedeeisen, das von einem Allianzwappen des Erbauerehepaares samt Freiherrenkrone geziert ist, abgeschlossen. Hinter den niedrigen Seitenmauern der durch hohe Pfeiler eingefassten Toreinfahrt liegen geschwungene Wasserbekken, eine spielerische Reminiszenz an alte Wehrburgen.

Auf den Ehrenhof stößt vom nach Westen sich erstreckenden Höhenplateau des Vorgebirges her axial die schon 1733 erwähnte „große Allee". Über diese kehrten die Jagdgesellschaften vom Wald her zum Schloss zurück. Durch den hohen Baumbestand ist zunächst das Schloss verdeckt; erst vor dem Hoftor erahnt der Betrachter die Weitläufigkeit der gesamten Schlossanlage. Die „große Allee" stößt vor der Hofeinfahrt im rechten Winkel auf die „herrschaftliche Kirchenallee", die heutige „Von-Weichs-Straße". Diese Allee führte vom Dorf her über den Greesberg und längs der westlichen Seitenfront des Schlosses schnurgerade auf das im Jahr 1757 errichtete „Herrenkreuz" zu. Dieses hohe Steinkreuz mit Christuscorpus, Inschrift, Wappenkartusche und Kniebank kennzeichnet an diesem Ort heute noch die Grenze zwischen Rösberg und der Mertener Heide. Die eben erwähnte „große Allee" hat als Point de Vue, auf welchen sie axial ausgerichtet ist, das so genannte Thyssen- oder Theisenkreuz. Hierbei handelt es sich um einen alten Bildstock, der Christus in der Erbärmde zeigt. Eine weitere Allee, eine Art Laubengang mit einem seitlichen Durchblick auf das Dorf mit seiner formschönen Kirche, erstreckt sich etwas schräg versetzt unmittelbar südlich des Schlosses, am Greesberg. Auf dem Osthang breitete sich ursprünglich ein regelmäßig gestalteter kleiner Park mit Wasserkünsten aus, der auf den drei Außenkanten von einem hohen Baumbestand (Nonnholz, Wulferbusch, Tannenwäldchen) eingerahmt wurde. Der einstige Barockgarten wurde im 19. Jahrhundert in einen englischen Landschaftspark umgewandelt.

Als im April 1833 die Wirtschaftsgebäude ausbrannten und sich im Oktober desselben Jahres der rote Hahn auf das herrschaftliche Wohnhaus schwang, wurde dieses 1835 in neuer Form wieder aufgebaut. Dabei wurde das Haus um ein Stockwerk erhöht und erhielt ein schlichtes Walmdach.

Im Zweiten Weltkrieg wurde das Schloss in kürzester Zeit zerstört: Englische Flieger warfen in der Nacht zum 27. Februar 1941 Phosphorbomben auf den Gesamtkomplex, der nahezu völlig ausbrannte, wobei zahlreiche Kunstgegenstände verloren gingen.

*

Der letzte (kinderlose) Besitzer aus der Familie von Weichs war Maximilian Reichsfreiherr von und zu Weichs an der Glon (1881 bis 1954). Der im Zweiten Weltkrieg hoch dekorierte Generalfeldmarschall war in Rösberg sehr beliebt. Sein Grab befindet sich auf dem alten Rösberger Friedhof vor der Pfarrkirche, in der zahlreiche Wappen seiner Familie (Fenster, Epitaph, Kirchenbank) zu sehen sind. Seine Ehefrau Margaretha Baronin von und zu Weichs an der Glon geb. von Niesewand (1891 bis 1976) bewohnte bis zu ihrem Tod ein im Schlosspark errichtetes einstöckiges Fachwerkhaus, das in erweiterter Form noch besteht und separat verkauft wurde. Die Baronin war dem Ort Rösberg und seiner Bewohnerschaft immer sehr zugetan.

Im Erbgang gelangte das einstige Jagdschloss Rösberg an die Familie von Karl-Heinrich Prinz zu Sayn-Wittgenstein-Berleburg. Die neuen Eigentümer verkauften die teilweise noch ziemlich ruinöse Schlossanlage, deren Wirtschaftshof stets verpachtet war und auf dem die Familie des früheren Gutsverwalters Josef Kock wohnte, zu Beginn der 1990er Jahre an die renommierte Baugesellschaft Habitas, die das Anwesen stilgerecht wieder aufbaute, vieles behutsam erneuerte und die vor allem dem Wohnhaus wieder zu seinem barocken Stil und seinen ursprünglichen Dimensionen verhalf. Über 40 hochwertige Wohneinheiten beherbergt seither das wieder ganz im Schlaunschen Stil hergestellte Schloss, wobei sich die unterschiedlich geschnittenen und dimensionierten Wohnungen sowohl auf das einstige Herrenhaus, als auch auf die flankierenden Wirtschaftstrakte verteilen.

Insgesamt kann festgestellt werden, dass der Wiederaufbau von Schloss Rösberg und die neue Zweckbestimmung einen Glücksfall für alle Beteiligten darstellen.

Schloss Rösberg:
Aufriss der Fassade von Johann Conrad Schlaun (vor 1729)

Herrenhaus von Schloss Rösberg

Haus Londorf, ein ehemals freiadeliger Rittersitz im Kirchspiel Merten

Das 1941 zerstörte „Haus Londorf“

Hoch oben im Wald auf der Höhe des Vorgebirges liegt gut versteckt der frühere freiadelige Rittersitz Gut Londorf. Sowohl von Rösberg, als auch von der Mertener Heide her ist noch gut ein Kilometer Weggstrecke zurück zu legen, um die heutige Forstverwaltung auf Haus Londorf zu erreichen. Das Anwesen gehört zu Merten, das einst mehrere Teilsiedlungen umfasste und das heute noch aus einigen Kleinortschaften besteht. Vom Namen her abgängig sind „Marsdorf" (ein früherer Siedlungsbereich oberhalb des Krankenhauses zur Heiligen Familie; unsichere Ersterwähnung 1163; erste gesicherte Nennung 1375) und „Kruchem" (dazu mehr im folgenden Kapitel). Die Siedlungsnamen Merten, Mertener Heide und Trippelsdorf sind allgemein gebräuchlich und „amtlich".

Die Ritter von Londorf hatten ihren Stammsitz in Köln-Longerich. So erklärt sich die Tatsache, dass die alten Formen des Siedlungsnamens jenes Longerich reflektieren. Urkundlich belegt ist „Winricus de Lunreke" der 1316 im nahen „Treventorp" (Trippelsdorf) begütert war. 1357 erscheint „Petrus de Lunreke", gefolgt 1375 von „Windrichs van Luynreke" und „Arnoldus de Lunrynke". Deren Domizil war die 1443 so bezeichnete „Hoyfstatt geheischen Luynrike". Spätere Angaben lauten „Gude zu Lunerike" (1457) und „dat Huys genant Luynricke bynnen synen Graven, Wyheren, Ederen und Zunnen (...) in deme Kirspel (= Kirchspiel) van sent Mertyn (= Merten) in dem Vurbircke (= Vorgebirge)" (1472).

Dieses durch Wassergräben geschützte und durch Zäune und Erdaufhäufungen umwehrte burgartige freiadelige Gut liegt inmitten einer römischen Wüstung. Noch unlängst wurden beim Verlegen einer Gasfernleitung in der Nähe von Haus Londorf römische Siedlungsspuren entdeckt. Wahrscheinlich erhob sich das frühere Burghaus auf römerzeitlichen Fundamenten.

1380 / 1401 gehörte das erst später so bezeichnete „Haus Londorf" (1599, 1669, 1754 „Londorff") den Rittern Heinrich und Walter. Deren Nachfolger waren die Ritter von Buschfeldt bei Liblar. Von 1452 bis 1757 nannte die Adelsfamilie von Quad (zu Landskron und Buschfeldt) das Anwesen ihr Eigen. Die von Quad besaßen zeitgleich auch die zu Walberberg gelegene Rheindorfer Burg (dazu in einem eigenen Kapitel weiter unten). 1669 heißt es, dass „Herr (Adolf) Quad zu Buschfeldt zu Lundorf einen Hoff" habe. Von dieser Familie kam Londorf an die Grafen von der Leyen zu Adendorf, die ein ausführliches Pachtregister führten. Als Halbwinner finden wir beispielsweise Johann Winkelhoch und Johann Cremer. Um die Mitte des 19. Jahrhunderts lebte auf dem 1788 neu erbauten Haus Londorf, das sich inmitten eines Weihers erhob, Johann Josef Boismard aus Commercy (Lothringen / Frankreich), der 1842 Petronella Klosterhalfen aus Maastricht ehelichte. Diese fromme Frau stiftete das so genannte Londorfer Kreuz auf der Trippelsdorfer Heide. Bei dieser Familie, so wird berichtet, lebte der Hausgeistliche Poncelet, der im Jahr 1849 die Mertener St.-Sebastianus-Schützenbruderschaft ins Leben rief und sich durch die Anpflanzung der Napoleonsbirne „Köstliche von Charneux" im Vorgebirge einen Namen machte. Später erwarb die freiherrliche Familie von Boeselager (auf Burg Peppenhoven) das alte Gut und ließ neben dem abgerissenen Wohnhaus aus dem 18. Jahrhundert eine ganz und gar nicht ländliche, sondern vollkommen städtisch anmutende Villa im Stil des bürgerlichen Historismus erbauen. Diese Villa erhob sich unmittelbar am Rand des alten Weihers. In der Nacht zum 27. Februar 1941 fiel Haus Londorf (wie das benachbarte Schloss Rösberg) einem britischen Fliegerangriff zu Opfer.

Zu Gut Londorf gehörte ehedem auch die „Schäferei" neben der Trippelsdorfer St.-Vinzenz-Kapelle.

Heute befindet sich auf Haus Londorf, das nicht wieder im historischen Stil, sondern nach zeitgemäßen Zweckbestimmungen aufgebaut wurde, die Forstverwaltung der Familie von Groote.

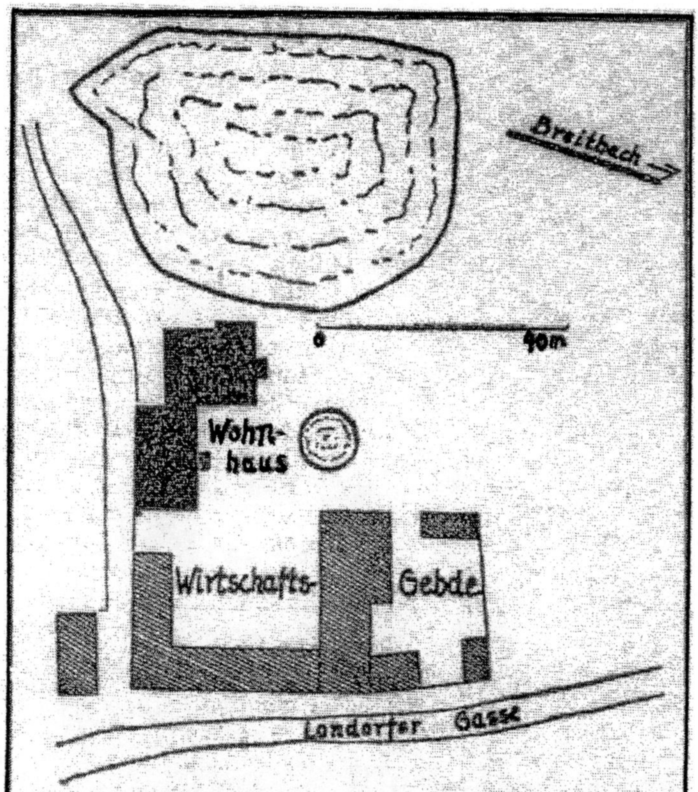

Lageplan von Haus Londorf im Wald von Merten

Die frühere Mertener Ritterburg zu „Crucheren“

Der Torbogen der früheren Mertener Burg zu „Crucheren“
und die alte Friedhofskapelle

Die in Abschrift erhaltenen Aargauer Dekanatsstatuten des Bonner Stiftes St. Cassius führen Merten im Jahr 1173 unter den damals schon vorhandenen Pfarreien auf. Der Ort wurde nach seinem Pfarrpatron, dem fränkischen Nationalheiligen St. Martinus ursprünglich „Sente Mertine“, „apud Sanctum Martinum“ (hin und wieder mit dem präzisierenden Zusatz „bei Rösberg“, bei Hemmerich“, „bei Trippelsdorf“, „im Vorgebirge“) usw. bezeichnet. Noch im 18. Jahrhundert finden sich Belege für die Namensform „St. Merten“. Die 1871 niedergelegte Pfarrkirche zum heiligen Martinus erhob sich am halben Hang des Vorgebirges, am Ort der heutigen Friedhofskapelle, inmitten des alten Kirchhofs (auf dem der in Merten lebende Schriftsteller Heinrich Böll 1985 seine letzte Ruhestätte fand). Das Gotteshaus war baulich möglicherweise mit einer Ritterburg verbunden, deren Lage mit der Bezeichnung „im Kruchem“ (wegen der dort gefundenen Keramik evtl. zu übersetzen mit ‚Krugheim’) angegeben wird. Um 1170 erklärte der damalige Kölner Erzbischof Philipp von Heinsberg seinen Hörigen Arnoldus Crucheren zum freien Mann, dem nunmehr der neue Hofverband von Merten unterstellt wurde. Arnoldus wurde zum Ritter geschlagen und stieg zu einer geachteten Persönlichkeit auf. Seine Burg befand sich unmittelbar neben der Kirche, von der noch das romanische Chörchen erhalten ist. Letzter Rest dieser früheren Burg ist das heutige rundbogige, polychrom gefasste Friedhofsportal, unter welchem bis zum 18. Jahrhundert die Gerichts- und Gemeindeversammlungen der Mertener Bürgerschaft stattfanden. Noch heute heißt der benachbarte Straßenbereich im örtlichen Volksmund „am Gedingplatz“.

Über Arnoldus Crucheren ist nichts weiter bekannt. Sein Geschlecht dürfte alsbald im Mannstamm erloschen sein.

Maaßen schlussfolgerte bereits 1885, dass das unregelmäßige Mauerwerk der alten Mertener Pfarrkirche „der Rest einer alten Ritterburg war, welche, an Umfang viel bedeutender als die Kirche, theils abgebrochen, theils zu einem Gotteshause erhalten und umgeschaffen wurde. So erklärt sich nicht nur das vielgestaltige ungleiche Mauerwerk, sondern auch die um die Kirche im Boden vorhandenen Ueberreste längst verschwundener Bauwerke, darunter sehr viele aus dem Römerkanal. (…) Zuerst bestand die Ritterburg, dann Burg und Kapelle; demnach wurde die Burg geräumt und die Kirche auf ihre Kosten erweitert: So schritt die Kapelle zur Pfarrkirche fort“, und wir können ergänzen, dass die ehemalige Burg Merten bereits frühzeitig wüst fiel.

Über die einstige Burg „Montjoie“ in Trippelsdorf

Die frühere Trippelsdorfer Kapelle Sankt Vinzenz von Zaragoza
Der burgartige Bau wurde auf einer Tragfahne
des 19. Jahrhunderts abgebildet.

Das zum Hauptort Merten gehörende Trippelsdorf (1375: „Trevestorp in deme dorpe des keirspels zo Sente Mertine“ / „keirspel“ = Kirchspiel) war einmal ein bedeutender Winzerort. Sowohl das Mertener Patrozinium des heiligen Martinus, als auch dasjenige der Kapelle zu Trippelsdorf, St. Vinzenz von Zaragoza, lassen sich auf den einstigen Anbau von Weinreben beziehen, denn beide Heiligengestalten gelten wie Maternus, Werner von Bacharach, Laurentius, Urbanus u.v.a. als Winzerpatrone. Schon der urkundliche Erstbeleg von 1126 des Ortes („Travensdorph“) bezieht sich auf den Weinbau. Selbst der Ortsname könnte etwas mit dem früheren Winzertum zu tun haben, vorausgesetzt, der erste Bestandteil des Namens „Travens-“ ließe sich etymologisch als ein ursprüngliches lateinisches „(in)tra vineas“ (= in den Weinbergen) erklären. Der Fund eines römischen Rebmessers sowie der einer Büste der antiken Weingottheit Silen im Gemarkungsbereich von Trippelsdorf legen den Schluss nahe, dass hier die Römer bereits Weinbau betrieben. Die einstigen Weinbergterrassen lassen sich stellenweise im Bereich der Hanglage noch deutlich erkennen. Schon 1118 wird der Trippelsdorfer „Dalewingart“, der auf Walberberg zu lag, erwähnt. – Im Jahr 2007 wurde in der Trippelsdorfer Hanglage eine römische Villa Rustica ausgegraben und wissenschaftlich untersucht. Der kleine Ort weist also ein sehr hohes Alter auf. So vermag es kaum verwundern, dass hier auch einmal eine Burg gestanden hat.

Im Mittelalter nannte sich ein Rittergeschlecht nach dem Dorf. So sind in den Jahren 1171 und 1256 die Namen der Ritter Reinerus und Theodericus de Trevenestorp nachzuweisen, die möglicherweise auf der nur ein einziges Mal bezeugten Burg „Montjoie“ (1267) wohnten. In einem Vergleich Friedrichs I. von Blankenheim mit Gerlach von Limburg in jenem Jahr 1267 verzichtete der Letztgenannte auf alle Güter, die Graf Heinrich von Sayn zu Ahrweiler und Saffenburg sein Eigen genannt hatte, vorbehaltlich der Burg „Montjoie“, die sich nach archäologischen und (sekundär) urkundlichen Befunden am Ort der Trippelsdorfer St.-Vinzenz-Kapelle erhoben hat. Das 1398 erstmals erwähnte kleine Gotteshaus, das 1873 abgerissen wurde und in den Jahren 1998 bis 2000 seine Wiederauferstehung erlebte, könnte wohl zunächst als Burgkapelle gedient haben. Der Turm der früheren Kapelle war nach der Darstellung auf einer Tragfahne der „Vereinigten Jungfrauen und Junggesellen zu Trippelsdorf“ aus dem 19. Jahrhundert von einem Zinnenkranz bekrönt. Auch die mündliche Überlieferung weiß vom wehrhaften Aussehen der früheren Kapelle. Der Name der offenbar bereits in spätmittelalterlicher Zeit wüst gefallenen Burg Montjoie ist eine Übertragung von der gleichnamigen Burg Monschau in der Eifel. Das 1217 zum ersten Mal erwähnte „castrum Montjoie“ (Monschau) gehörte damals den Herzögen von Limburg. Da Gerlach von Limburg 1267 als Eigentümer der Trippelsdorfer Burg genannt wird, gibt es keinen Zweifel an der durch zahlreiche Parallelen abzusichernden Übertragung des poetisch klingenden Burgnamens. Leider wissen wir über die Geschicke dieser wehrhaften Wohnanlage aufgrund des Fehlens von entsprechenden Aufzeichnungen überhaupt nichts. Nur alte, teilweise sehr starke Fundamentreste sowie ein zugeschüttetes kräftiges, äußerst tragfähiges Kellergewölbe und gelegentliche Keramikfunde bieten ein paar magere Spuren. In der örtlichen Überlieferung ist immer wieder einmal die Rede von einem geheimnisvollen unterirdischen Gang, der die Burg mit ihrer Kapelle verbunden haben soll.

Der Abschnittswall „Alte Burg“ im Wald von Walberberg

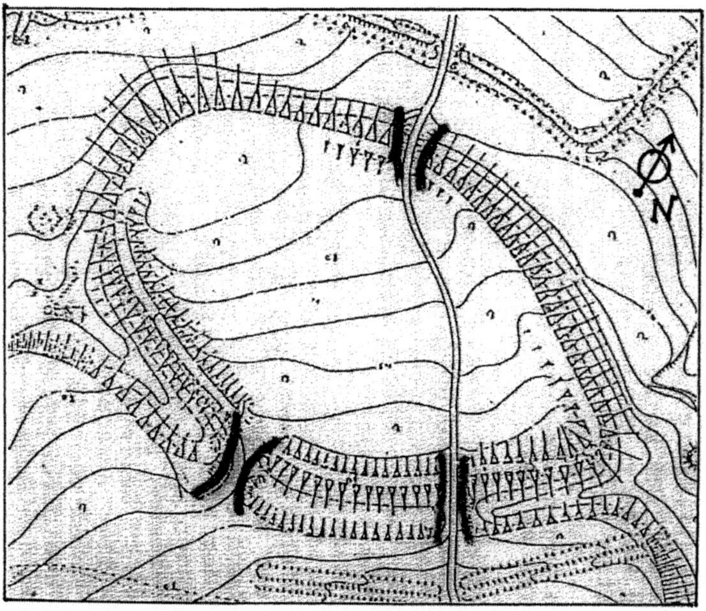

Situationsplan des Ringwalls „Alde Burch“ zu Walberberg

Wie in Alfter, so befindet sich auch in Walberberg ein Abschnitts- bzw. Ringwall, eine im Hinblick auf ihre Zeitstellung umstrittene Fliehburg. Wandert man vom Klüttenweg oder vom zwischen Merten-Trippelsdorf und Walberberg gelegenen Schneeberg aus weiter durch den Villewald oberhalb der ersten Häuser von Walberberg, so stößt man in einem teilweise heute noch recht unwegsamen Geländeabschnitt mitten im Wald, etwa auf halber Höhe des Vorgebirges, oberhalb der Kitzburger Mühle, auf einen ovalen Ringwall. Die ungefähr 1250 Meter südwestlich der Walburgiskirche gelegene Fliehburg fällt dem Betrachter durch ihre immer noch ziemlich hohen Wälle auf, die eine Grundfläche von annähernd 65 mal 120 Meter umschließen. Dem umlaufenden, stellenweise gut vier Meter hohen Wall mit zwei Eingängen war einst ein Graben vorgelagert, der sein Wasser aus den zahlreichen Siefen empfing, die einem nahen Quellhorizont entspringen.

In der archäologischen Forschung, welche der im Volksmund so bezeichneten „Aldeburch", der alten Burg also, bisher nur verhältnismäßig wenig Aufmerksamkeit zollte, zeichnet sich eine Tendenz ab, den Walberberger Ringwall dem 9. oder 10. Jahrhundert nach Christus zuzuweisen. In dieser Epoche war die hiesige Bevölkerung nämlich den kriegerischen Einfällen und Plünderungen der Normannen (881 / 82) sowie Ungarn (919 bis 926) ausgesetzt. Eine innerhalb der Umwallung spärlich entdeckte römerzeitliche Keramik könnte dazu verleiten, die Fliehburg in jene Ära zu datieren.

Die mitunter sogar als „Keltenring" bezeichnete Anlage, die den Menschen der Umgebung in kriegerischen Zeiten Schutz bot, ist zwar keine Burg im heutigen Sinne, wohl aber ein Ort, an dem man sich gegebenenfalls wie in einer Burg „geborgen" wähnen konnte.

Nach Abwägung aller Gegebenheiten und Indizien dürfte der Abschnittswall in der spätkarolingischen Epoche entstanden sein, vielleicht - dies sei hier mit der gebotenen Vorsicht erwogen – am Ort einer Vorgängeranlage.

Schriftsprachlich erwähnt wurde die Aldeburch erstmals um 1530 in einem Weistum der damaligen Herrlichkeit Walberberg: „Noch einen gemeinen weeg von der alter Burg recht ab durch die Putzgaß bis auf den ronden weier durch den Hof an der Kitzburg." Mit dem erwähnten Hof ist der frühere „Krawinkelhof" gemeint.

„Ein Hauch von Italien“:

Die Kitzburg zu Walberberg

Plan der Kitzburg und ihrer Parkanlage zu Walberberg
aus dem Jahr 1692

Am südöstlichen Rand von Walberberg liegt inmitten eines engen Talabschnitts, dessen oberer Teil vom Vorgebirgswald begrenzt wird, eine der malerischsten Wasserburgen des Rheinlands überhaupt, die Kitzburg. In unmittelbarer Nähe konnte ein römischer Siedlungsbezirk archäologisch nachgewiesen werden.

Die Bezeichnung „Kitzburg" ist etymologisch umstritten, da sich bisher kein eindeutiger Beleg für eine befriedigende Deutung gefunden hat. Wahrscheinlich war das beispielsweise 1547 als „Kyhsborch", 1548 in der Schreibweise „Cesborch" und 1549 als „Kitzburgh" bezeichnete Anwesen einmal im Besitz einer Familie, die jenen Namen trug. Hierfür lassen sich einige Parallelen auflisten: In Köln-Lindenthal gab es die so bezeichnete „Kitschburg", die noch 1785 als „Kytzburg" belegt ist. Auch die hier der Betrachtung unterzogene Walberberger Burg ist 1742 als „Kitschburg" bezeugt. Eine der beiden Burgen in Fliesteden, einem Dorf nordwestlich von Köln, hieß bereits 1292 „Kytzburgh". Als „Untere Burg" oder „Unterhaus" gehörte sie dem gut dokumentierten Geschlecht der Kytz von Vlysteden. Das Wappen derer von Kytz zeigt einen bekrönten Reichsadler.

Das viereckige Herrenhaus der Walberberger Kitzburg erhebt sich auf einer eigenen Insel, die ursprünglich über eine Zugbrücke und heute über eine steinerne Bogenbrücke zugänglich ist. An allen vier Ecken akzentuieren unverputzte quadratische Pavillons (einer von ihnen beherbergt die flachgedeckte Hauskapelle aus dem Jahr 1753) die kompakte Geschlossenheit des Anwesens. Der Wassergraben speist sich durch einen von der weiter oben skizzierten Aldeburch herabfließenden Quellbach. Neben dem Burghaus und dem langgestreckten barocken Park mit zentralem Springbrunnen stehen die Gebäude eines weiträumigen Wirtschaftshofs. Unmittelbar westlich hinter diesem Gutshof bedeckten einst Weinreben den sich in Richtung Ortskern erstreckenden Schallenberg. Eine Zeichnung des wallonischen Dokumentaristen Renier Roidkin von etwa 1735 dokumentiert diesen lokalgeschichtlich nicht uninteressanten Zusammenhang. Im Inneren des nahen Waldes drehte sich früher einmal das Wasserrad der Kitzburger Mühle, deren Gebäudegruppe noch vorhanden ist. Ein naturbelassener, tief eingekerbter Hohlweg erklimmt hinter dem Park den Schneeberg zur Trippelsdorfer Heide hin. Dieser Weg verband die Kitzburg mit Haus Londorf und Burg bzw. Schloss Rösberg.

Eine schmiedeeiserne Wetterfahne auf dem Dach des zweistöckigen Wohnhauses der Kitzburg zeigt als Datum einer grundlegenden

Renovierung das Jahr 1761. Von der Bonn-Brühler Landstraße her führt ein schmaler, sehr langer Weg schnurgerade auf das am Rande des nun sanft ansteigenden Hanges gelegene Schlösschen zu und unterstreicht dadurch dessen herrschaftlich-vornehmen Charakter. Das Herrenhaus wahrt im wahren Sinne des Wortes „Distanz". Diese bewusst geschaffene Distanz wird zusätzlich durch eine die gesamte Insel umlaufende Balustrade unterstrichen. Das Burghaus bietet durch seine rosarote Farbgebung einen überaus reizvollen Kontrast zu dem alten und sehr gepflegten Baumbestand, der einige prächtige Solitäre aufweist. Eine dokumentarisch aufschlussreiche Abbildung aus dem Jahr 1692 veranschaulicht die hier grob umrissene Situation. Bezeichnet ist dieses aus der Vogelschau prospektierte Bild, das sich in privatem Besitz befindet, mit der Angabe „Daß Adliche Hauß zuer Kitzburg im Ertzstifft Cöllen bey Brüell gelegen". Das Herrenhaus ist auf dieser Zeichnung bereits genauso zu erkennen, wie es sich heute dem Betrachter darbietet.

Einer damaligen Zeitmode folgend, wurde das Wohnhaus der Kitzburg manieristisch im toskanischen Landhausstil erbaut. Italien, das so oft beschworene und besungene „Land der Sehnsucht", wirkte um 1700 und auch noch später in vielen Teilen Deutschlands Stil bildend. Im Nachbarort Sechtem erhebt sich als Zufahrt zur Weißen Burg (vgl. hier das entsprechende Kapitel) ein hoher Torturm, dessen klassizistisch-renaissancistische Formen und Dekor sich ganz an entsprechenden Vorbildern der Toscana orientieren. - So titelte eine Regionalzeitung mit Blick auf die Kitzburg vor etlichen Jahren einmal zu Recht: „Ein Hauch von Italien."

*

Die älteste Historie der traditionsreichen Kitzburg liegt im Verborgenen. Bekannt ist, dass von etwa 1350 bis 1400 dem Brühler Hofgericht die Verwaltung des einstigen Lehens oblag. Tatsächlich ist die Burg am 13. Februar 1382 als Lehnsgut dingfest zu machen. Seit ungefähr 1400 übten die Amtmänner von Brühl die Gerichtsbarkeit im 962 urkundlich erstmals belegten Walberberg aus. Der jeweilige Amtmann wohnte auch auf dieser Burg. Der erste nachzuweisende Besitzer der Kitzburg, deren Fundamente in die Zeit um 1270 datiert werden, war der Brühler Amtmann Gerhard Zwyffel von Berg (= Walberberg). In der Folgezeit kam das dereinst landtagsfähige Rittergut in den Besitz wechselnder rheinischer Adelsfamilien. So wurde die Kitzburg Eigentum der Familien von Hesseler, von Gymnich, von Wolfskehl, von Fürstenberg, von Quentel, von Becker, von Groote und von Kempis.

1757 verkaufte Kanonikus Johann Thomas von Quentel die Kitzburg an Felix Joseph von Becker. Aus dem Jahr 1765 stammt ein stattliches barockes Grabkreuz, das einmal die Einfahrt zur Kitzburg an der Landstraße markierte. Das gegenwärtig auf dem Friedhof von Walberberg sich befindendc Kreuz zeigt unter anderem das Wappen des Franz-Peter von Becker zu Benesis. Durch eine Einheirat in die Familie von Becker kam die Kitzburg 1786 in den Besitz der Familie von Groote, die sie ihrerseits wiederum im Jahr 1905 der Familie von Kempis (vgl. hier im Kapitel über Haus Rankenberg) zubrachte. Nach dem am 14. März 1960 verstorbenen Mayor a.D. Franz von Kempis, einem langjährigen Vorsitzenden des Hegeringes Vorgebirge der hiesigen Jägerschaft, ist eine in der Nähe der Kitzburg gelegene Straße benannt. Als am 30. Januar 1979 dessen Tochter Carola von Kempis stirbt (die eine kleine Zusammenfassung der Geschichte der Kitzburg verfasste), wird ein Neffe der Verstorbenen neuer Eigentümer der Burg, nämlich der Arzt Dr. Raban Baron von Canstein. Die freiherrliche Familie von Canstein bewohnt seitdem die Kitzburg, für deren Pflege und Erhalt sie in Absprache mit der zuständigen Denkmalbehörde alles tut. An Tagen des „Offenen Denkmals“ oder für Besuchergruppen der Volkshochschule Alfter-Bornheim öffnet die heutige Besitzerfamilie großzügig ihren schönen Park, den Wirtschaftshof sowie gelegentlich auch ihr schmuckes Wohnhaus. Mit Recht kann man festhalten, dass die Kitzburg in jeder Hinsicht „von Adel“ ist!

Die Kitzburg zu Walberberg; links: der mit Weinreben bedeckte Schallenberg und der Turm der Pfarrkirche St. Walburgis

Der sagenumwobene Hexenturm zu Walberberg, Überbleibsel der mittelalterlichen Saffenburg

Der Hexenturm zu Walberberg um 1947

Im „Begleiter auf der Cöln-Bonner Eisenbahn“ von 1844 konnte der damalige Fahrgast lesen: „Neben der Kirche zu Walberberg sehen wir einen aus Tuffsteinen schön erbauten runden Thurm, der ehemals von Wasser umgeben war, mit einer vom Boden entfernten Thüre, mit Fenstern und Scharten. Er wird Hexenthurm genannt und diente ehemals als Gefängnis, da vom Domcapitel in Köln in Walberberg offenes Gericht auf dem Gemeindeplatze abgehalten wurde.“

Heute gilt als gesichert, dass der Hexenturm, der sich in unmittelbarer Nachbarschaft der altehrwürdigen Walburgiskirche erhebt, im letzten Drittel des 12. Jahrhunderts erbaut wurde und offensichtlich als Bergfried der hiesigen Burg der von der Ahr stammenden Grafen von Saffenberg die nähere Umgebung beherrschte. Diese mitunter auch schon einmal so bezeichnete „Salburg“ (germanisch „sala“ = Gut, Landgut), von der lediglich noch dieser Rundturm erhalten geblieben ist, wurde nach archäologischen Befunden etwa zeitgleich mit der ehemaligen Zisterzienser- und späteren Pfarrkirche errichtet, die auf einem karolingerzeitlichen Vorgängerbau steht. Eine Ansiedlung von Zisterzienserinnen erfolgte in Walberberg im Jahr 1197 am Ort eines vormaligen Stiftes von Regularkanonikern. Burg, Kirche und Kloster bildeten mit dem nahen Fronhof des Kölner Domkapitels, dessen Wohnhaus noch vorhanden ist, einen ansehnlichen, die Mitte des Dorfes beherrschenden Siedlungskomplex.

Um 1077 hatte Alveradis, eine Saffenberger Gräfin, das später erneuerte Gotteshaus als Grablege ihres Geschlechtes bestimmt. In zahlreichen Urkunden des 12. und 13. Jahrhunderts werden die in Walberberg residierenden Grafen von Saffenberg und deren Ministerialen genannt. Von diesem bekannten Adelsgeschlecht gelangte die Burg an die von Holtorp. Im Jahr 1388 verkauften der Knappe Konrad von Holtorp und seine Ehefrau Christina Birklin dem Kölner Domkapitel „allsolch Erb und Guth zu Walberberg, Hof, Thurm und Freiheit, mit allem Zubehör, Wohnungen, Gezimmern des Hoffs, mit Graben, Weihern, Garten, fort 71 Morgen Artland, 5 Morgen Weingarten, 120 Morgen Busch.“ Die Burg schien also zu jenem Zeitpunkt noch als landwirtschaftliches Gut zu bestehen. Eigens erwähnt wird in dieser Auflistung der Turm, der damals als Wohnung diente, denn einer Urkunde von 1384 war bereits zu entnehmen, dass Konrad, Sohn des Ritters Ulrich von Holtorp „wohnhaft auf dem Turm zu Walberberg“ gewesen sei. Ihren gleichnamigen Stammsitz hatten die von Holtorp bei Bergheim an der Erft. Das Domkapitel erwarb die genannten Güter für insgesamt 2500 Gulden und blieb in deren Besitz bis zur Säkularisation im Jahr 1802.

Der letzte Hof- bzw. Turmpächter Geuer kaufte die aus dem Mittelalter stammenden Gebäude im Jahr 1807. Den Wirtschaftshof vermachte er seinem Schwiegersohn Scheeben; den Turm erwarb hingegen Baumeister Weyer aus Köln. Dieser wiederum verkaufte den Turm an einen Herrn Trimborn, der ihn rasch an den Walberberger Pfarrer Löhr veräußerte, der ihn schließlich für 180 Thaler 1858 dem preußischen Staat übereignete. Der Kaufpreis wurde aus der königlichen Schatulle Friedrich Wilhelms IV. von Preußen (1840 bis 1861 regierend) gezahlt. Heute befindet sich das historische Gemäuer, dessen Abriss durch den Verkauf an den preußischen Staat verhindert werden konnte, im Eigentum des Landes Nordrhein-Westfalen.

Es gibt verschiedene ältere Ansichten des Hexenturmes, der um 1900 noch nicht das abschließende Stockwerk aufwies. Erst später wurde der obere Teil aufgemauert und das gesamte Gebäude durch eine Bedachung mit Kupferplatten in seinen heutigen Zustand versetzt. Der weiße Anstrich ist unhistorisch und verfremdet den Baukörper.

*

Die Bezeichnung „Hexenturm“ ist erstmals 1817 zu belegen. Sein ruinenromantisches Aussehen - der Turm war im Truchsessischen Krieg vor mehr als 400 Jahren beschädigt und seither kaum Instand gehalten worden - mag durchaus die Vorstellung genährt haben, dass man in seinen starken Mauern einmal als „Hexen“ verdächtigte Frauen gefangen gehalten habe. Hierführ fehlen jedoch die Beweise. Unverkennbar hingegen ist in diesem Zusammenhang das örtliche Patrozinium der heiligen Walburga oder Walburgis mit dem einstigen Hexen-Aberglauben verknüpft. Denn nach altem Volksglauben sollen einst in der Walpurgisnacht die Hexen auf einsam gelegenen Plätzen getanzt und ihr Unwesen getrieben haben. Der mittelalterliche und frühneuzeitliche Hexenwahn war in den Dörfern des Vorgebirges noch lange Zeit unausrottbar; und gerade im 19. Jahrhundert mit seiner verklärenden und romantisierend-idealisierenden Rückbesinnung auf das Mittelalter, war man mit „gotischen“ Schauergeschichten rasch bei der Hand. Zwischen Bornheim und der östlich von Dersdorf gelegenen Feldgemarkung verläuft der „Hexenweg“, der einem alten Volksglauben zufolge auf einen Hexentanzplatz zulief, wo die Dersdorfer „Conderz-Hexe“ ihren Schabernack getrieben haben soll.

Der Hexenturm zu Walberberg
neben der Pfarrkirche Sankt Walburgis

Burg Rheindorf zu Walberberg:

Rittersitz, Jesuitenkloster, Dominikanerkonvent und Heimatmuseum

Die Rheindorfer Burg zu Walberberg um 1930

Im Grenzdreieck zwischen Bonn-, Köln- und Gilgau stand an strategisch bedeutsamer Stelle eine weitere Burg innerhalb der Gemarkungsgrenzen von Walberberg. Der Name dieser einst wasserumwehrten weitläufigen Anlage, „Rheindorfer Burg“, bezieht sich weder auf den Fluss Rhein, noch auf eine Person, sondern vielmehr auf die mundartliche Bezeichnung für die bereits an anderer Stelle erwähnte römische Eifelwasserleitung nach Köln, die östlich der Burg am unteren Vorgebirgshang vorbeiführte. So spricht 1652 Martinus Henríquez à Strevesdorff in seiner Darstellung der Erzdiözese Köln von der „Burg Rendorff, nunc Reindorf“ und bezieht sich damit auf die Walberberger Hauptstraße, die frühere „Renngasse“ (= Rinnengasse). Diese historische Straßenbezeichnung (Renn = Rinne = Kanal) findet sich bereits in einem Schriftstück des Kölner Historikers Aegidius Gelenius (1595 bis1656) aus dem Jahr 1645. Im hohen Mittelalter war diese Rinne noch allgemein bekannt, wurde sie doch sehr häufig als willkommener Steinbruch für den Bau von Häusern, Stallungen und auch Burgen ausgebeutet. Noch heute kommt mitunter diese römische Wasserleitung im Verlauf der Walberberger Hauptstraße zum Vorschein. Zwischen der katholischen Pfarrkirche und der Thomas-von-Quentel-Grundschule ist ein Teilstück von ihr als ortsgeschichtlich bedeutsames Anschauungsmaterial aufgestellt. Auch an der Hauptstraße sieht man ein Stück dieser Wasserleitung.

1905 beschrieb Paul Clemen die Rheindorfer Burg wie folgt: Die Anlage besteht aus Vorburg und Burghaus, beide von Gräben umgeben. Die Vorburg mit drei im rechten Winkel aneinanderstoßenden Trakten und einfachem Tor, von Pfeilern eingefasst. Eine Brücke auf drei Steinbögen führt zu dem Burghaus, einem schmucklosen viereckigen Bau. In dem kleinen Binnenhof nach drei Seiten einfache Portale. In der Mitte ein hübsches Spätrenaissance-Brunnenbecken. Die Fenster zumeist vermauert. An der Rückseite ein vierstöckiger runder Turm auf einem Basaltunterbau mit welscher Haube.“

Das Brunnenbecken ist heute noch inmitten des früheren Klosterkreuzganges zu sehen. Ansonsten ist die gesamte Anlage stark verändert. Allein der aus dem Mittelalter stammende Turm ist als markantes Wahrzeichen erhalten geblieben.

*

1140 ist die Burg erstmals urkundlich belegt: Ein „Christian von Rinchedorp“ (Rinche ist hier als „Rinnchen“, der Verkleinerung von „Rinne“ zu verstehen) wird in diesem Dokument als Dienstmann des Grafen Adolf von Saffenberg, seines Zeichens Vogt des Domkapitels zu Köln (Inhaber der Walberberger Grundherrschaft), genannt. Zu jener Zeit waren die Grafen von Saffenberg, deren Hauptburg mit dem Hexenturm in der Nähe lag, Lehnsherren von Rheindorf, denn ihr Lehnsrecht wird auch später noch fortlaufend erwähnt. 1213 erfahren wir von einem Ritter „Arnoldus de Rincdorp“. 1358 wird die Wasserburg als „festes Hauß und Schlöß“ verzeichnet. Das Anwesen befand sich damals im Besitz derer von Wolff zu Rheindorf. Nach weiteren Zwischenbesitzern gelangte die Burg schließlich an Wilhelm von Wevelinghoven und Alfter, Erbmarschall des Erzstiftes Köln, der sie 1433 an Lutter Quad verkaufte. Der heutige Burgenname ist in dieser Form 1504 erstmals greifbar, da Gerhard von Quad als neuer Eigentümer genannt wird. 1672 gehörten zur Burg zwei Morgen Weingärten und 63 Morgen Ackerland. Elf Jahre später verkaufte die Familie von Quad, die genau 250 Jahre lang Eigentümerin der Burg Rheindorf war, ihren Walberberger Besitz an die Kölner Jesuiten. Die Burg wurde damals als „freiadeliges Haus und Rittersitz“ definiert. Zum Preis von 900 Reichsthalern ging diesem folgenschweren Verkauf die Ablösung des Lehnsrechtes voraus, das sich bis dahin im Besitz der Grafen von der Mark-Saffenberg befunden hatte.

Mit der Übernahme der Burg durch die Societas Jesu erfährt das Anwesen, das wohl annähernd zeitgleich mit der Saffenburg und dem Hexenturm erbaut worden sein dürfte, ein neues Schicksal. Denn die Jesuiten erneuerten die Wirtshaftsgebäude sowie die Mühle und richteten im alten Herrenhaus eine klösterliche Niederlassung mit Kapelle ein. Ihr in der Burg eingerichtetes Kloster diente fortan als Erholungsstätte für Ordensmitglieder und Schüler. Die nunmehr in Walberberg ansässigen Jesuiten (vgl. z.B. den Walberberger Straßennamen „Jesuitenbungert“) verwalteten von hier aus ihre Hofgüter in Dersdorf (Feldhof), Kardorf (Altenberger Hof), Trippelsdorf (Mönchshof) und Walberberg (die nach einem Pächter so bezeichnete „Stahlburg“ auf der Ecke Flammgasse / Hauptstraße).

Um 1700 erbauten die Jesuiten auf dem weitläufigen Gelände ihrer Klosterburg das so genannte Rheindorfer Kapellchen, einen barokken Pavillon, der im örtlichen Volksmund als „Jesuite-Wellmoth“ bekannt wurde. Noch heute heißt die entsprechende Feldflur „op de

Jesuite-Wellmoth". Auf alten Postkarten ist dieses heute längst nicht mehr bestehende kleine Gebäude noch zu erkennen, wo die gestrengen Jesuiten angeblich hin und wieder „ihr Mütchen" zu kühlen pflegten (wie auch immer das vonstatten gegangen sein mag).

Im Jahr 1773 wurde der Jesuitenorden aufgehoben, wobei sein Besitztum, die Burg Rheindorf mit 110 Morgen an diversen Liegenschaften, verkauft wurde. Einem Reichshofratsurteil vom 20. Oktober 1774 zufolge musste der größte Teil des jesuitischen Vermögens der Kölner Schulverwaltung übereignet werden. Bis 1773 lag das hiesige Schulwesen nämlich überwiegend in den Händen dieses Ordens. Bis heute verwaltet der Kölner Gymnasial- und Stiftungsfonds als Rechtsnachfolger das aus dem Verkauf der jesuitischen Immobilien gewonnene Kapital, aus dessen Zinsen heute noch Stipendien an Schülerinnen und Schüler aus bestimmten (Adels-) Familien vergeben werden. Die Stiftungsverwaltung verpachtete in der Folge die Rheindorfer Burg mit allen dazu gehörenden Liegenschaften an Landwirte aus der Umgebung. Von 1820 bis 1924 sind alle Pächter namentlich bekannt (u.a. Stüsser, Grouven, Boden, Lüssem, Klug).

Samt einem Areal von gut 20 Morgen erwarb 1924 die Provinz „Teutonia" des Dominikanerordens die mittlerweile deutlich verwahrloste Burg, um sich hier ein dauerhaftes Domizil einzurichten. Zwei Jahre später begann der Predigerorden dann mit einem großzügigen Ausbau der alten Burganlage. So wurde auf den Fundamenten der früheren Ökonomiegebäude und auf den Grundmauern der früheren Vorburg das neue Kloster mit seiner blockhaft wirkenden Kirche errichtet. Am 1. November 1926 bezogen neun Patres und 27 studierende Fratres das Kloster. Dem Mutterkloster in der Kölner Stolkgasse gehörten im Mittelalter so berühmte Gelehrte wie Albertus Magnus, Thomas von Aquin und Meister Ekkehart an. Albert der Große, nach dem das von Köln aus gegründete Walberberger Dominikanerkloster benannt ist, war der vielseitigste Gelehrte seiner Zeit. Sein Bild zierte die Klosterkirche, die heute profaniert ist.

1934 eröffneten die Mönche in der Rheindorfer Burg im Sinne einer Ordenshochschule das Studium Generale. Mehr als hundert Dominikaner lebten und studierten bis 1974 in Walberberg. Die bekannte Albertus-Magnus-Akademie, die in den 1930er Jahren ins Leben gerufen wurde, ist in erster Linie das Werk des unermüdlich tätigen Paters und Provinzials Laurentius Siemer (1888 bis 1956). Im

Zweiten Weltkrieg wurde ab 1942 in den Räumen des Konventes ein Lazarett eingerichtet. Das Kloster wurde letztlich sogar von der Gestapo enteignet. Der Naziterror schreckte auch hier vor nichts zurück. Nach 1945 aber blühte der Klosterbetrieb erneut auf. In den Jahren 1952 bis 1958 wurde die Dominikanerakademie zur Straße hin beträchtlich erweitert (Aula, Hörsäle, Bibliothek). 1954 war das „Walberberger Institut", eine Art politischer Akademie, gegründet worden. Hochrangige Politiker, u.a. auch Konrad Adenauer, weilten hier oft als Gäste und Referenten. Manche Tagung der Bundes-CDU wurde hier abgehalten. Schon 1945 waren in Walberberg unter Beteiligung der Dominikaner die „Kölner Leitsätze" verabschiedet worden, die als erstes Parteiprogramm der CDU in die Annalen dieser Partei eingegangen sind.

Die Klosterkirche wurde 1967 / 68 im Sinne der vom Zweiten Vatikanischen Konzil definierten liturgischen Richtlinien umgestaltet. 1974 schloss die in Walberberg berühmt gewordene Hochschule der Dominikaner allerdings. Aus wirtschaftlichen Gründen sah man sich genötigt, zum 31. Dezember 2005 auch den Tagungsbetrieb dieses segensreich wirkenden Klosters einzustellen. Zum 31. Dezember 2007 machte einem Beschluss des Provinzkonzils der Ordensprovinz vom März 2006 das Dominikanerkloster endgültig seine Pforten dicht, nachdem die Patres dort am 25. November 2007 ihre letzte heilige Messe gefeiert hatten. Dem Kloster hatten so bekannte Dominikaner wie Eberhard Welty, Edgar Nawroth, Arthur F. Utz, Willehad Paul Eckert, Basilius Streithofen, Bernhard Venzke und Rufus Keller (der letzte Prior) angehört. Die Mönche versahen auch in der Umgebung ihren Dienst als Seelsorger, so etwa bis vor wenigen Jahren Pater Franz Hoffmann in Dersdorf. Pater Bertram Groll (1937 bis 2004) versah sogar in Walberberg selber als hauptamtlicher Pfarrer an der St.-Walburga-Kirche seinen Dienst. Er vor allem, der sich unermüdlich für die Pfarrei und ganz Walberberg eingesetzt hatte, bleibt unvergessen. 1963 war er in Walberberg zum Priester geweiht worden, trat 1974 an St. Walburga eine Kaplanstelle an und wurde ein Jahr später hauptamtlicher Pfarrer an dieser traditionsreichen Kirche. 30 Jahre lang drückte der überaus beliebte und allseits geschätzte Geistliche seiner Pfarrei den Stempel auf.

*

Der im Mai 2007 gegründete „Förderkreis Historisches Walberberg" richtete im Sommer 2008 in der früheren Burg und dem späteren

Kloster ein kleines, hervorragend bestücktes und sehr sehenswertes Heimatmuseum ein. – Die weitere Nutzung des riesigen Baukomplexes ist derzeit noch ungewiss. Die örtliche Presse berichtet regelmäßig über geplante Aktivitäten, mögliche Investoren und Zukunftsvisionen. An diesem Ort soll keinen weiteren Spekulationen Vorschub geleistet werden. So schließt dieses Kapitel mit dem Hinweis auf das erst kürzlich eröffnete Walberberger Heimatmuseum.

Das Dominikanerkloster Walberberg
in der Rheindorfer Burg, um 1950

Das frühere burgartige Pfarrhaus zu Badorf

Der alte wasserumwehrte Pfarrhof von Badorf

In Brühl-Badorf, einem früheren Winzerdorf mit erhaben wirkender neugotischer St.-Pantaleons-Kirche, befindet sich im historischen Ortskern ein burgartiges Haus, das von einem Wassergraben umgeben ist. Man erwartet kaum, dass es sich hier um ein ehemaliges Pfarrhaus handelt, sondern denkt spontan eher an eine baugeschichtlich interessante Adelsvilla. Das hier zu skizzierende Anwesen erhebt sich im Winkel zwischen dem alten Abtshof der früheren Kölner Abtei St. Pantaleon und der barocken St.-Anna-Kapelle. Ob sich in diesem Bereich einmal ein Rittersitz befand, lässt sich nicht feststellen. Im benachbarten Pingsdorf ist im Mittelalter ein Rittergeschlecht nachweisbar, das in Badorf möglichweise seinen Wohnsitz hatte. Ein Albero von Pingsdorf wird um 1140 urkundlich erwähnt. Tatsache ist, dass der damals für Pingsdorf und Badorf zuständige Pfarrer Henricus Duicker seinen Amtssitz von Pingsdorf ins höher gelegene Badorf verlegte, ein Dorf, das 965 als „Bavingan" urkundlich erstmals belegt ist. Möglicherweise stand hier das so genannte „feste Haus" des ritterbürtigen Badorfer Vogtes Heinrich Wolber. - Was nun Pfarrer Henricus zu diesem Umzug bewog und warum er sich ein so stark befestigtes Anwesen erbauen bzw. umbauen ließ, bleibt letztlich unklar. In seinem neuen Domizil wurde Duicker übrigens 1611 ermordet.

Zwischen 1683 und 1692 wurde das Pfarrhaus durch Pater Caspar Kirchhoff restauriert, wobei augenscheinlich auch die Brücke zum Eingang erneuert wurde. Zur Zeit des Pfarrers Lehner war das Anwesen arg verfallen. 1726 besserte er es wie sein Nachfolger Pastor Paffrath aus. Überhaupt waren die Pastöre immer sehr darum bemüht, das herrschaftliche Haus in gutem Zustand zu halten.

Bis 1926 diente dieses Gebäude als Pastorat. In jenem Jahr bezog Pfarrer Peter Gau das neue Pfarrhaus neben der Badorfer Kirche. Das alte Gebäude wurde für 15000 Goldmark den Cellitinnen verkauft, die hier ein Kloster und Altenheim unterhielten. Bis 1972 hätten sie die Kaufsumme in Raten begleichen können. Da die Schwestern jedoch in Finanznöte gerieten, wurde ihr Kloster im Jahr 1934 vom Kölner Mutterhaus der Cellitinnen für eine Einmalzahlung von 6000 Mark übernommen. Im Jahr 1962 verkauften die Nonnen ihr Domizil an einen Restaurator, der das historische Anwesen grundlegend sanierte. – Der nahezu quadratische Bau erinnert von seiner Form und von seinem Aussehen her an die Kleeburg bei Weidesheim im Kreis Euskirchen.

Das zweigeschossige Haus steht auf einem hohen Sockelgeschoss, in dessen Mauerwerk noch Schießscharten erkennbar sind. Die der Straße zugewandte Ostseite ist fünfachsig. In der Mitte springt ein einachsiger Risalit mit Dreiecksgiebel vor. Zum rundbogigen Eingangsportal steigt eine Treppe empor. Auf der Südseite fällt ein zweigeschossiger polygonaler Erker auf, der über dem kräftigen Sockelgeschoss abgestützt ist. Insgesamt macht das Anwesen heute noch einen burgartigen Eindruck.

Die romantische Schallenburg zu Schwadorf:

Vom einst wasserumwehrten adeligen Rittersitz zum bürgerlichen Privatdomizil

Die Schallenburg zu Schwadorf

Schwadorf und Walberberg sind topografisch durch die Bonn-Brühler Landstraße und die Trasse der früheren Köln-Bonner Eisenbahn, der heutigen Stadtbahnlinie 18, getrennt. Wie Badorf, so gehört auch das 1109 erstmals urkundlich erwähnte Schwadorf in kommunaler Hinsicht zu Brühl im Rhein-Erft-Kreis. Einige alte Hofstellen und eine am nordöstlichen Ortsrand gelegene romantische Wasserburg prägen zusammen mit der neugotischen St.-Severinus-Pfarrkirche das frühere Bauern- und Winzerdorf. An die Zeit des Weinanbaus erinnern noch einige Flurbezeichnungen (etwa „die Flääch“ = Fläche; heute „Flechtenweg) und das Zweitpatrozinium des heiligen Laurentius, eines bekannten Winzerpatrons.

Schwadorf war einst eine kurkölnische Herrschaft, die dem Kölner Stift St. Severin unterstand. Verwaltet wurde diese Grundherrschaft von einem Herrenhof aus. Mit diesem Fronhof, der später Struchshof genannt wurde, war ein Hofgericht verbunden. Der innerhalb des Herrschaftsbezirks gelegene Weiherhof gehört dem Kölner Stift St. Kunibert. Dadurch kam es gelegentlich zu Konflikten zwischen den beiden geistlichen Institutionen der Domstadt Köln, die letztlich dadurch beendet wurden, indem der Herrenhof des Kunibertsstiftes an das Stift St. Severin fiel. Der zunächst in der Nähe der Kirche gelegene Fronhof hatte noch eine Dependance, nämlich den Hof des Vogtes. Seit 1109 besaß Schwadorf (damals „Svaventhorp“) nämlich Vogteirechte, die den Ort erst zu einer „Herrlichkeit“ machten. Der vogteiliche Hof ist die Keimzelle der späteren Schallenburg, einer zunächst auf einem künstlichen Hügel, einer Motte also, errichteten Anlage inmitten von breiten Wassergräben. Diese erste Schwadorfer Burg, im flachen Gelände gelegen und daher als Niederungsburg zu bezeichnen, hatte eine wichtige Schutzfunktion für die Bewohner des Dorfes. Aufgrund ihres ansehnlichen Besitzes an Liegenschaften war die Burg ein landtagsfähiger Rittersitz.

*

Die ersten bekannten Ritter von Schwadorf waren die von Dorne, die ab 1225 (beginnend mit Ritter Wilhelm de Dorne) belegt sind. So erfahren wir 1291 von Reymarus de Dorne, der als „miles commorans apud Suadorp“ (Ritter, wohnhaft bei Schwadorf) bezeichnet wird. Diese Angabe ist wichtig, da somit die diesem Ritter gehörende Burg als „bei Schwadorf“ / „in der Nähe von Schwadorf“ gelegen bezeichnet wird. Tatsächlich nimmt sie auch heute noch trotz einer fortschreitenden Neubautätigkeit innerhalb des Ortes eine Randlage ein. Im Jahr 1360 wird die „curtis de Dorne“ (Dornhof) als solche eigens erwähnt. Die in Schwadorf ansässige Linie dieser auch in Waldorf begüterten Familie (siehe hier im Kapitel über die alte Waldorfer Burg) erlosch 1360 im Mannstamm. 1370 wird das Gut in einer deutschsprachigen Verkaufsurkunde erneut genannt, und zwar mit der präzisierenden Angabe „bynnen dem dorpe zo Swadorp“. Noch 1428 wird das Anwesen mit den Worten „vulgariter Dorne appellata“ (im Volksmund Dorne genannt) aufgelistet. Dieses Beispiel zeigt, dass die alten Hof- und Burgnamen noch lange tradiert wurden.

Im Jahr 1475 befindet sich die Burg im Besitz des Junkers Schall von Bell. Diese im Rheinland weit verzweigte Familie, ursprünglich ein Kölner Patriziergeschlecht, geht auf Rupert Schallo (ca. 1150 bis ca. 1200) zurück. Wegen ihres späteren Besitzes im bei Hürth gelegenen Horbell nannte sich die Familie Schall von Bell. Verwandt war diese Familie mit den Rittern von Dorne über Ida von Dorne, die 1429 in ihrer Burg „ten Dorne“ im nahen Waldorf lebte. Der 1502 verstorbene Johann Schall von Bell begründete die Schwadorfer Linie dieser Familie. Ein weiterer Zweig dieses adeligen Geschlechts residierte auf der Burg zu Lüftelberg bei Meckenheim. Aus dieser Linie stammte der berühmte Jesuitenpater und Missionar Johann Adam Schall von Bell (1592 bis 1666), der als Mandarin erster Klasse am kaiserlichen Hof in China wirkte und dort ein hohes Ansehen genoss.

Im Weistum des Stiftes St. Severin, das sich auf die Herrlichkeit Schwadorf bezieht, wird im Jahr 1518 die Burg ausdrücklich als „Schallenhoef“ erwähnt. Aus dem Jahr 1533 stammt eine ausführliche Güterbeschreibung der Burg. Als Erbin übereignete Henrike Odilie Schall von Bell im Jahr 1632 die Schallenburg ihrem Ehemann Heino von Elverfeldt zu Herbede. Kurze Zeit später verkauft dieser die Burg erneut an ein Mitglied aus der Familie Schall von Bell, nämlich an Catharina Schall geb. von Friemersheim zu Mülheim (bei Zülpich). Freilich blieb dieser Verkauf nicht unangefochten, und es kam zu einem Prozess. 1650 residiert Wilhelm Schall von Bell zu Mühlheim auf der Burg, deren zugehörigen Wirtschaftshof er an die Eheleute Matthes und Bela Grin auf 12 Jahre verpachtet. Durch Heirat der Johanna Margarethe Schall von Bell kam die Burg 1694 an Vinzenz Freiherrn von Erlenkamp. Ernestine Freiin von Erlenkamp überträgt die Schallenburg 1762 ihrem Vetter Clemens August Baron Schall von Bell zu Morenhoven. Im Jahr 1788 wurde der Gutshof der Burg an die damalige Halfenfamilie verkauft, und am 2. Dezember 1794 wurde die Burg selbst unter französische Zwangsverwaltung gestellt. Zwar konnte Baron von Schall eine Zwangsversteigerung verhindern, doch trennte er sich alsbald von seinem Domizil, das sein Pächter Eberhard Spürck erwarb. Damit waren Burg und Wirtschaftshof nunmehr in bürgerlicher Hand. Von der Familie Spürck gelangte die Schallenburg 1857 an Peter Karl Koch, der die Hofgebäude abriss und in verkleinerter Form wieder aufbaute. Mit einem Teil des überzähligen Holzes wurden neue Fensterkreuze sowie vielleicht die beiden Laternen gezimmert, welche die Burgtürme nach oben abschließen und die jeweils eine welsche Haube tragen. Der Kölner Architekt Karl Band renovierte nach dem Zweiten Weltkrieg die mittlerweile sich im Eigentum der Familie Lennartz befindende Burg. Noch heute ist sie in Privatbesitz und an zwei Familien vermietet.

*

Das im Kern spätgotische , 1694 erneuerte Burggebäude besteht aus einem zweiflügeligen Herrenhaus (mit Treppengiebeln) auf T-förmigem Grundriss. In „asymmetrisch diagonaler Korrespondenz“ (so die fachsprachliche Ausdrucksweise) stehen sich zwei runde Flankentürme am jeweiligen Ende des Burghauses gegenüber. Diese beiden über Eck gestellten Türme sind dreigeschossig und überragen mit ihren erst um 1900 entstandenen Laternen nur geringfügig das Corps de Logis. Die Eingangsseite nimmt ein rundbogiges Portal mit seitlichen Pilastern auf. Über eine Holzbrücke gelangt man zum südlich sich anschließenden Wirtschaftshof, der aus Fachwerkgebäuden besteht. Die abgeschieden gelegene Burganlage ist von einem Park mit hohem Baumbestand umgeben. Insgesamt wirkt die Schwadorfer Schallenburg überaus romantisch. – Der Walberberger Flurname „Schallenberg“ erinnert auf seine Art an die auf der Burg Schwadorf dereinst residierende Familie Schall von Bell, die hier in der Nachbarschaft zur Kitzburg mit Liegenschaften (vor allem Weingärten) begütert war.

Wappen der Familie Schall von Bell

Die wüst gefallene Burg Husen bei Schwadorf

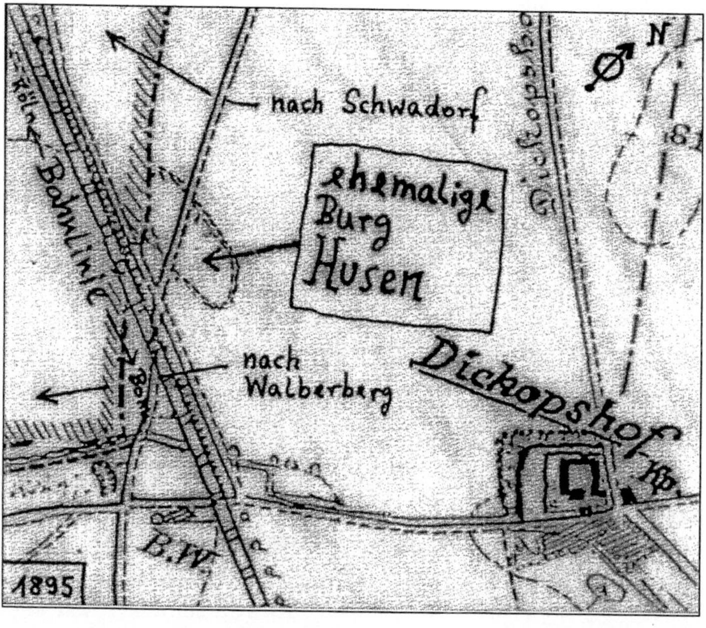

Die Lage der früheren Burg Husen und der Dickopshof
auf einer topografischen Karte von 1895

Zwischen dem Brühler Schloss Falkenlust bzw. dem Falkenluster Hof und dem zu Wesseling-Keldenich gehörenden Dikopshof lag im freien Feld - nicht weit von Schwadorf entfernt - die einstige Burg Husen. Ihre Lage wird 1263 angegeben mit „Husen iuxta ripam", d.h. „Husen am Ufer" des so benannten Dikopfsumpfes. Das gesamte Gebiet um die Burg Husen war vernässt. 1375 wird der „Huyssenrebach" erwähnt, und 1550 heißt es „zo Husen an der bach". Das Jahr 1522 hält einen Beleg für den „huysenre weyghe" bereit. Dieser Weg führte vom Palmersdorfer Hof (Brühl) Richtung Süden zur so genannten Hitzeler Straße.

Über die einstige Niederungsburg liegen nur sehr spärliche Nachrichten vor. 1236 bestätigte der Kölner Erzbischof Heinrich dem Walberberger Zisterzienserinnenkloster dessen Liegenschaftsbesitz zu Husen, den es 1234 von Adolf von Husen, einem Sohn des verstorbenen Ritters Hermann von Rindorp (auf der Rheindorfer Burg zu Walberberg wohnend), mit Zustimmung des zuständigen Lehnsherrn, nämlich des Ritters Wilhelm von Saffenberg (zu Walberberg), für 125 Mark erworben hatte. Die ältesten nachweisbaren Grundherren von Husen waren also die Edelherren von Saffenberg. Ob damals bereits Burg Husen wüst war, wissen wir nicht.

Immerhin wird in einer Urkunde des Kölner Stiftes Groß St. Martin aus der zweiten Hälfte des 12. Jahrhunderts ein Walterus de Husen genannt. 1304 ist Adoph von Husen als Kölner Domherr bezeugt, und 1463 wird ein Oloff von Husen genannt. Wir wissen indessen wiederum nicht, ob diese Namensträger in einem Verwandtschaftsverhältnis standen bzw. einen Bezug zu der hier in Frage stehenden Burg Husen hatten. Der Name „Husen" verweist auf eine kleine Ansammlung von Häusern.

Im 15. Jahrhundert lebte im nahen Waldorf eine Familie Husen, an die der örtliche Flurname „Husenberg" erinnert. 1449 besaß Fye (= Sophie) von Husen in Waldorf ein Hofgut mit etlichen Liegenschaften. Welcher Art eine mögliche Beziehung zwischen dem Waldorfer Zweig der Familie und jenem auf Burg Husen bei Schwadorf war, lässt sich nicht klären. So liegt die Geschichte dieser Burg weitestgehend im Verborgenen.

Der Di(c)kopshof in der Feldgemarkung von Keldenich:

Heute ein landwirtschaftliches Versuchsgut der Universität Bonn

Die 1716 erbaute Kapelle zum Heiligen Kreuz
auf dem Gutsgelände des Dickopshofs

Bezüglich der Schreibweise des hier darzustellenden Anwesens konkurrieren zwei Varianten. Hin und wieder (auch auf Hinweisschildern an Verkehrswegen) findet sich die Schreibweise mit –ck-. Die ab 1573 belegte Halfen- bzw. Pächterfamilie schrieb sich hingegen zumeist in der Form „Dikop". Deshalb behalten wir nachstehend diese historisch verbürgte Orthografie bei.

Die bis in die 1950er Jahre von einem breiten Wassergraben umgebene burgartige Anlage befindet sich im Kreuzungsbereich von Hessenweg und Hitzelerstraße, unweit der viel befahrenen, 1844 eröffneten Bahnstrecke Bonn-Köln. Nicht weit von hier bestand im Mittelalter die im vorangehenden Kapitel skizzierte Burg Husen. Der weiträumige Dikopshof liegt in der flachen Feldgemarkung von Wesseling-Keldenich und wird seit 1905 von der Rheinischen Friedrich-Wilhelms-Universität Bonn als landwirtschaftliches Versuchsgut betrieben. Die urkundlich belegten Anfänge des Dikopshofs reichen bis in den Anfang des 13. Jahrhunderts zurück.

Das Kölner Stift St. Severin besaß in Oberkeldenich eine Hufe Ackerland, die bis dahin an Ritter Siegfried von Saffenberg zu Walberberg verlehnt war und die 1213 an das Zisterzienserinnenkloster Walberberg fiel. Bewirtschaftet wurde dieses Land von dem damals bereits bestehenden „Oberkeldenicher Hof", der erneut 1263 und 1313 Erwähnung findet und um den es hier geht. 1325 verpfändet das Frauenkloster zu Walberberg wegen wirtschaftlicher Probleme den Hof an Emund von Gymnich. Aber 1459 gelang der Rückerwerb, nachdem mittlerweile Zisterziensermönche die Nonnen abgelöst hatten. 1415 finden wir einen Tillmann aus Keldenich als Hofpächter. 1529 verkauften die Zisterzienser das Gut auf Widerruf für 750 Goldgulden an Vinzenz Heseler. In einer Beschreibung der „Herrlichkeit Keldenich" aus dem Jahr 1586 wird Werner von Gymnich als neuer Besitzer aufgelistet.

Am Ende des 17. Jahrhunderts nennt die Kölner Patrizierfamilie Horn genannt Goldschmidt den Hof ihr Eigen. Ein Jahr nach einem verheerenden Brand ließ Gerwin Horn das Wohnhaus neu erbauen; eiserne Anker auf einer Fassade bilden - bis heute deutlich erkennbar – die Jahreszahl 1687. Als Halfen finden wir 1573 Peter Dikop, 1593 Paulus Dikop („halffen uffm hoff zu Ober-Keldenich") und 1602 erneut einen Peter Dikop. Allmählich begann sich damals der neue Name „Dikopshof" durchzusetzen. Im Bruderschaftsverzeichnis der Brühler Franziskaner findet sich 1675 der Hinweis, dass „Quirinus Ziers villicus (= Halbwinner) auf Dickopshof“ sei.

Von der Familie von Horn kam der Hof durch Heirat 1698 an die Familie von Herwegh. Peter von Herwegh heiratete 1711 Anna Katharina Junkersdorf. Die Eheleute erbauten 1716 die zum Dikopshof gehörende Kapelle zum Heiligen Kreuz. Die Jahreszahl der Erbauung sowie das Allianzwappen der frommen Eheleute sind über dem Eingangsportal angebracht. 1717 weihte der Urfelder Pfarrer Leonardus Ossenberg (der übrigens aus Keldenich stammte) das kleine Gotteshaus, in dem mit Unterbrechungen immer wieder Messen gefeiert wurden. 1904 wurde allerdings an dieser Kapelle der Gottesdienst eingestellt. Im Erbgang gelangte der mit einem großen Besitz an Liegenschaften ausgestattete Hof 1764 an Everhard Anton von Beywegh. Nach dessen Tod verkauften die Erben den Dikopshof an Carl Anton Farina („Kölnisch Wasser“) und dessen Ehefrau Eva Weinreiß. Bewirtschaftet wurden damals etwa 470 Morgen Land. 1836 schwang sich der rote Hahn auf einige Gebäude des Hofs; Wohnhaus und Kapelle blieben glücklicherweise unversehrt. Über einen als Makler fungierenden Zwischenbesitzer wurde das Hofgut 1848 an den damaligen Bornheimer Burgherrn Gerhard Baron von Carnap verkauft, vom dem 1854 Heinrich Pingen den Hof erwarb. Dieser wohnte damals auf dem Burghof zu Widdersdorf, westlich von Köln. Zwanzig Jahre später übernahmen dessen Söhne Theodor und Jakob Pingen den Hof. Als Heinrich Josef 1874 starb, wurde Theodor alleiniger Eigentümer. Theodor Pingen war eine Zeit lang Mitglied des Deutschen Reichstages und Abgeordneter des Preußischen Landtags. Er setzte sich maßgeblich für die 1883 gegründete Zuckerfakrik in Brühl ein. Am 19. September 1903 verkaufte er das gesamte Gut für eine Million Goldmark an den Königlichen Preußischen Domänen-Fiskus, der die Domäne seinerseits wiederum am 20. März 1905 der landwirtschaftlichen Akademie Bonn-Poppelsdorf übereignete. Seither ist der Dikopshof ein landwirtschaftliches Versuchsgut der Universität Bonn. Theodor Pingen verzog nach Bonn, wo er 1927 verstarb. Ein schmiedeeisernes Tor mit der Jahreszahl 1887 und den Initialen „T. P.“ für Theodor Pingen ist heute noch vor dem Herrenhaus des Dikopshofs zu sehen.

Wissenschaftlich betriebener Ackerbau und nach den Regeln der akademischen Forschung betriebene Viehzucht bestimmten bis in die 1970er Jahre hinein etwa zu gleichen Teilen die Bewirtschaftung des

Hofs. Seit vielen Jahren wird auf dem Dikopshof nur noch Ackerwirtschaft betrieben. Hier arbeiten im Schnitt etwa 20 Personen. Der „Präzisionspflanzenbau“ spielt heute unter anderem auf diesem traditionsreichen akademischen Versuchsgut eine nicht unbedeutende Rolle. – Die historischen Gutsgebäude samt der nahezu 300 Jahre alten Kapelle werden von einem hohen Baumbestand umrahmt und bilden ein malerisches Ensemble, dessen Gesamteindruck noch ein wenig die Wehrhaftigkeit aus mittelalterlichen Tagen widerspiegelt.

Über den 1872 abgerissenen adeligen Saalweiden- bzw. Tränkerhof zu Sechtem

Das in der Ebene der Köln-Bonner Bucht gelegene und dem Hang des Vorgebirges zwei Kilometer vorgelagerte Haufendorf Sechtem hatte drei Adelssitze, die Graue Burg, die Weiße Burg sowie ein hier zu beschreibendes Hofgut, das burgartig geschlossen war und einen durchaus wehrhaften Charakter aufwies.

Bevor wir die Geschichte des 1872 niedergelegten „Tränkerhofs in den Saalweiden“ (mitunter auch „Dränkerhof“ genannt) näher beleuchten, soll die Entstehung des Dorfes Sechtem kurz unter die Lupe genommen werden, weil die vormittelalterliche Geschichte in diesem Fall besonders deutlich das Entstehen eines Ackerdorfes mit verschiedenen Adelssitzen verstehen lässt. Denn Sechtem ist aus einer römerzeitlichen Ansiedlung hervorgegangen, deren Grundstruktur maßgeblich die weitere Entwicklung des Ortes mitbestimmte.

*

In diesem Fall führt uns die Entstehung und die Bedeutung des Ortsnamens weiter: Der Name „Sechtem“ klingt zwar wie ein typisch mundartlicher „Heim“-Name, wie etwa Bachem (Bachheim), Berchem (Bergheim) oder Müllem (Mühlheim). Gleichwohl verhält es sich in diesem besonderen Fall völlig anders. – Immer wieder hat man in Sechtem römerzeitliche Funde und Entdeckungen gemacht. So sind hier ein Jupitertempel, ein Mithräum und andere Kultstätten archäologisch festgestellt worden. Überliefert sind allein neun Weihungen an den römischen Gott des Handels und Verkehrs, Merkur. Drei Repliken solcher Merkur-Weihesteine kann man vor dem Gerätehaus der Sechtemer Feuerwehr, ganz in der Nähe der katholischen Pfarrkirche St. Gervasius und Protasius, bestaunen. Auch am Bornheimer Rathaus ist die Kopie eines Sechtemer Merkur-Altars aufgestellt. Erklärungstäfelchen bieten jeweils eine Übersetzung der eingemeißelten Texte. Dabei ist feststellbar, dass die Weihenden jeweils Frauen waren (wie letztlich auch auf dem 1986 in Hemmerich gefundenen Merkur-Weihestein, der in der Eingangshalle des Bornheimer Rathauses seinen endgültigen Platz fand).

In Sechtem bestand in den ersten Jahrhunderten nach Christus ein Kleinkastell im Bereich von Nikolauskapelle und Pfarrkirche. Hier lag eine so bezeichnete „Benefiziarierstation". Dies war ein römischer Wachtposten zur Sicherung und Kontrolle der hier vorbei führenden römischen Fernstraße von Köln (Colonia Claudia Ara Agrippinensium) nach Trier, der römischen Augusta Treverorum. Diese bedeutende Straße nahm ihren Anfang am Flottenstützpunkt im heutigen Köln-Alteburg. Zunächst führte sie rheinaufwärts bis zum Kleinkastell Wesseling (Vassiliacum) und bog dann westwärts Richtung Vorgebirge ab. Nachdem sie den Ort Keldenich (Caldiniacum) durchquert hatte, erreichte sie bald den Punkt, den die Römer nach seiner Entfernung von Köln-Alteburg benannten, nämlich „ad septimam leugam" (an der siebten Leuge). Aus dem adjektivischen Zahlwort „septimam" hat sich im Laufe der Zeit das 1113 urkundlich bezeugte „Sephteme" entwickelt, dem 1122 und 1138 „Sehteme" sowie 1143 „Sephtime" und 1212 „Seteme" folgen. Erst 1249 ist die nahezu moderne Form „Sechteme" greifbar (in dieser Gestalt vielleicht unter dem Einfluss von ähnlich klingenden „Heim"-Namen entstanden). In Südfrankreich gibt es zwei analoge Ortsnamen („Septème/s") bei Vienne und bei Nîmes, weil auch dort die Orte jeweils sieben Leugen von diesen römischen Zentren entfernt lagen. An der Mosel liegen die malerischen Winzerdörfer Quint und Detzem, die von ihrem Namen her auf eine Entfernung von fünf bzw. zehn Meilen von Trier hinweisen („ad quintum lapidem" und „ad decimum lapidem"). In Detzem wollte es der Glücksfall, dass im Ort ein römischer Meilenstein gefunden wurde, der genau diese Erklärung bestätigt. Eine Replik aus Buntsandstein erhebt sich im Ort; das Original ist im Landesmuseum von Trier zu sehen. Die Römer benutzten in ihrem gesamten Reich gerne derartige Entfernungsangaben, denn auch aus Italien, Spanien und England sind entsprechende Beispiele überliefert.

Nun gibt es im Hinblick auf die römische Epoche zwei verschiedene Maßangaben für die Länge einer ursprünglich gallischen bzw. keltischen Leuge. Die erste Maßeinheit beträgt umgerechnet 2220 Meter, eine Einheit, die für Sechtem zu kurz greift. Die zweite Berechnungsgröße beträgt 2960 Meter. Für diese Variante lieferte Heriger, der gelehrte Biograf des heiligen Bischofs Remaklus (Gründer der Abtei Stablo-Malmedy, um 600 bis 676), die exakte Erklärung, indem er die Leuge zu 2000 Doppelschritten = 16 Stadien definierte. Die übliche Stadienlänge beträgt 185 Meter. Somit beträgt dieses zweite Leugenmaß knapp drei Kilometer Länge. Und in der Tat: Berechnet man die Entfernung des Sechtemer Wachtpostens zur Römerzeit bis zum Kölner Flottenstützpunkt, dann ergibt sich eine Gesamtstrecke von genau 21 Kilometern! Es wäre ein genialer Zufall und damit wie im Falle von Detzem eine Bestätigung, wenn zukünftig im an römischen Funden so reichen Sechtem ein Leugenstein entdeckt würde, welcher dem auf dieser antiken Straße Reisenden die Entfernung nach Köln mit sieben Leugen anzeigte. – Von Sechtem aus verlief die römische Straße in Richtung Vorgebirgshang, den sie beim Altenberger Hof („ad montem altum“ = am hohen / steilen Berg) unterhalb von Hemmerich und Rösberg erklomm, um nach wenigen Kilometern Metternich („Materniacum“) an der Swist zu erreichen. Weitere Stationen waren Billig („Belgica“), Jünkerath („Icorigium“), Bitburg („Vicus Beda“), Oos („Ausava“) und schließlich die alte Kaiserstadt Trier.

*

Nach diesem ortsgeschichtlich wichtigen Exkurs kehren wir zum Tränkerhof zurück, dessen Gebäude sich südlich gegenüber der Grauen Burg, im Winkel zwischen der früher so bezeichneten „Gass“ (heute Tränkerhofstraße) und der „Saalweidenstraße“ bzw. „Tränkgasse“ (heute Kronprinzenstraße), erhoben. Damit lag der Hof unmittelbar an der ehemaligen Römerstraße, und es ist nicht ausgeschlossen, dass an seiner Stelle einmal ein römisches Gebäude stand. Es handelte sich bei dem befestigten Tränkerhof um einen adeligen Rittersitz, der in der kurfürstlichen Zeit zu Lehen gegeben wurde. Die frühesten bekannten Lehensnehmer waren 1249 die Eheleute Johann von Bourscheidt und Christine Haust von Ulmen. Später sehen wir Mitglieder der Familien Quad, von Schöler, von Nesselrode, von Bernsau und von Boulich auf diesem Gut, zu dem 1671 insgesamt 336 Morgen an diversen Liegenschaften gehörten. Vom Jahr 1701 stammt ein Beleg für den „freyadlichten Hoff zur Sallweiden“. 1780 war Alexander Baron Stael von Holstein Eigentümer. Im Erbgang kam der Hof 1858 an den Grafen Franz Egon Ludwig von Fürstenberg.

Der stets in Pacht gegebene Hof, dessen erster namentlich bekannter Pächter im Jahr 1600 Johann Schmitz aus Niederkassel war, wurde in der zweiten Hälfte des 19. Jahrhunderts immer weniger bewirtschaftet. 1858 wurde hier der landwirtschaftliche Betrieb unter dem Pächter Peter Josef Urbach und seiner Frau Margarethe Kretz eingestellt, nachdem in jenem Jahr Graf von Fürstenberg das Anwesen übernommen hatte. Schließlich wurden alle Ländereien (die unter anderem auch in den Gemarkungen von Waldorf und Hemmerich lagen) verkauft und der Tränkerhof sah 1872 seinem Abbruch entgegen. Ein Lageplan aus dem Jahr 1822 (angefertigt von Geometer Baader) zeigt den eindrucksvollen Grundriss der Gutsgebäude, an deren Stelle heute moderne Wohnhäuser stehen.

Sechtem:

Von der Grafenburg der Saffenberger zur Grauen Burg

Die Graue Burg zu Sechtem um 1900

Der frühere feste Sitz der Grafen von Saffenberg (deren Stammsitz die 1704 niedergelegte Saffenburg bei Mayschoß an der Ahr war), die so genannte „Graue Burg“, erhob sich ursprünglich im Bereich von Nikolauskapelle und altem Pfarrhaus. Die Fundamente der mittelalterlichen Gebäude waren wenigstens teilweise römerzeitlichen Ursprungs. Das Farbadjektiv „grau“ stellt eine Verschleifung des Namens „Graf“ dar. Die ursprüngliche Bezeichnung „Grafenburg“ wandelte sich im Laufe der Jahrhunderte über „Grave Burg“ und „Grawe Burg“ zu „Graue Burg“. Ähnlich verhält es sich mit der im folgenden Kapitel dargestellten „Weißen Burg“, die zunächst „Wiesenburg“ hieß, weil sie von einem ausgedehnten Weiden- und Wiesenareal umgeben war. Die Herausbildung zweier Farbbezeichnungen mag durch gegenseitige Beeinflussung entstanden sein, wobei der örtliche Volksmund die bestimmende Rolle spielte und man die Farbgebung der Burghäuser in den Vordergrund rückte. In seinem Buch über „Die Kunstdenkmäler der Stadt und des Kreises Bonn“ (1905) betonte Paul Clemen den damals grauen Verputz des Herrenhauses und leitete von dieser speziellen Farbgebung den Namen „Graue Burg“ ab.

Die einst im Dorfkern von Sechtem gelegene Graue Burg erhob sich inmitten eines Teiches, dessen Vertiefung und Umfang beim Neubau des Pfarrhauses 1875 festgestellt wurden. Neben der Burg stand die einst wohl etwas größere, 1771 neu errichtete Nikolauskapelle, die bereits 1122 urkundlich als eine der beiden Sechtemer Gotteshäuser belegt ist („nam ibidem sunt duae“ = denn dort gibt es zwei). Diese Kapelle gehörte zur Grauen Burg, war also im Privatbesitz der jeweiligen Eigentümer.

Sechtem war im 12. Jahrhundert eine Lehnsherrschaft der Saffenberger, die auch im nahen Walberberg eine Burg ihr Eigen nannten, von der noch der „Hexenturm“ vorhanden ist (vgl. hier im entsprechenden Kapitel). Die Graue Burg diente als Sitz eines Rittergeschlechts, das sich nach dem Ort benannte. Von 1139 bis 1153 sind Dietmar, Siegebodo und Udo von „Sehteme“ als erste Ritter ihres Geschlechts bezeugt, das sich auch außerhalb des Dorfes niederließ und beispielsweise in Köln ansässig wurde. Auf dem Weg der Vererbung kam die Burg an die Grafen von Sayn. Graf Heinrich von Sayn und dessen Frau Mechtildis von Landsberg übertrugen die Lehensherrschaft 1283 dem Kölner Erzbischof, wodurch sie erheblich dazu beitrugen, eine solide Grundlage zur Finanzierung des Kölner Dombaus zu schaffen. Die Landeshoheit über die Graue Burg und deren Herrschaftsbereich fiel vor 1371 an die Grafen von Katzenelnbogen und in der Folge an die Landgrafen von Hessen. Diese kleine hessische Enklave innerhalb des kurkölnischen Hohheitsgebietes bestand bis 1630. 1456 bestätigte Wilhelm von Sechtem, dass ihm Graf Philipp von Katzenelnbogen gestattet hatte, seine Sechtemer Besitzungen, die dem Grafen lehnsrührig waren, als Pfand zu versetzen, sie jedoch binnen einer Frist von vier Jahren wieder einzulösen (was tatsächlich auch geschah).

Im Jahr 1530 erwarb Arnold von Siegen „hoff und guth zu Sechtem (...) von weylandt Adam Vossen undt seinen brüderen (...) zu einer newen und rechten Mannlehen." Arnold hatte mit seiner Frau Catharina geb. Wolff 17 Kinder. Die von Siegen bzw. von Siegenhoven besaßen die Burg bis 1734, dem Jahr, da Clamor von Siegen sie an Heinrich Edlen von Monschau verkaufte. Die alte Schreibweise des nach der Bezeichnung des malerischen Eifelstädtchens gebildeten Familiennamens lautet „Monschaw". Schon bald nach dem Erwerb der Grauen Burg durch die Familie von Monschau schwang sich der Rote Hahn auf das Anwesen, das laut einem Bericht aus dem Jahr 1738 völlig ruinös geworden war. Da das Lehen auf Grund der Kinderlosigkeit des oben erwähnten Clamor von Siegen an den damaligen Landgrafen von Hessen, Ludwig VIII., zurückgefallen war, wurden die von Monschau 1768 bzw. 1769 „mit dem Hof und Gut zu Sechtem als einem neuen und rechten Mannlehen" neu belehnt. Zur Grauen Burg gehörten damals Wohn- und Gärtnerhaus, Remisen, ein geräumiger Wirtschaftshof, die bereits erwähnte Nikolauskapelle sowie gut 250 Morgen an verschiedenartigen Liegenschaften (u.a. Weingärten) sowie das Privileg der freien Jagd. Genannt werden in den Lehnsprotokollen unter anderem die Wassergräben, der „Hoppengarten" und der „Gränzbungert", an den vom Namen her die Sechtemer Straßenbezeichnung „Grenzstraße" erinnert.

Johann Heinrich Josef von Monschau war als Besitzer des Majorats- bzw. Fideikomissgutes Graue Burg dazu verpflichtet, den ruinösen Komplex wieder in Stand zu setzen. Der Wiederaufbau im nördlichen Teil des Dorfes erfolgte in den Jahren 1768 bis 1775. Auch die Nikolauskapelle, in der 1122 die Gebeine des Ailbertus von Antoing bestattet worden waren und in der 1620 eine Familiengruft für die Besitzer der Grauen Burg angelegt wurde, erstand 1771 in schlichten Formen des Barock neu, freilich am alten Standort neben der katholischen Pfarrkirche St. Gervasius und Protasius. Der als Seliger verehrte Ailbertus verstarb zu Sechtem bei einem Besuch der Grafen von Saffenberg (vermutlich auf einer Inspektionsreise). 1104 hatte er das Augustinerchorherrenstift Rolduc (Kerkrade, Niederlande; an der Grenze zu Herzogenrath) gegründet, das im gesamten Vorgebirge mit Höfen und Liegenschaftsbesitz reich ausgestattet war. 1895 wurden seine Gebeine erhoben und unter prominenter Teilnahme nach Rolduc überführt, wo sie seither in einem Schrein, der in der Krypta der Klosterkirche steht, ruhen. In Sechtem wurde eine Straße nach ihm benannt.

Das etwa sieben Morgen umfassende Terrain der neuen Burg wurde 1798 genau spezifiziert. So finden wir Hinweise auf „das herrschaftliche Hauß“, das „Gärtnershäußchen“ und den „Halbwinnershoff“. Am 27. März 1808 veräußerte Franz Rudolf von Monschau die Graue Burg mit dem umliegenden Areal, dem Wirtschaftshof und dem überwiegenden Teil der Ländereien (etwa 500 Morgen Ackerland und 20 Morgen Wald) zum Preis von 21000 Thalern an Maria Odilia Freifrau von Wassenaer-Wasmond geb. Freiin von Steinen. Franz Rudolf von Monschau, dessen Wappen noch im Giebelfeld der Grauen Burg zu sehen ist, verzog ins nahe Köln, wo er begütert war und 1841 verstarb. Beigesetzt wurde er in der Familiengruft auf dem Friedhof Köln-Melaten.

Durch Heirat der einzigen Tochter Clementine der 1830 verstorbenen neuen Eigentümerin kam die Graue Burg samt zugehörigem Besitz an Maximilian Freiherrn von Geyr zu Schweppenburg (1777 bis 1856). Die Graue Burg verblieb mehrere Generationen hindurch im Besitz dieser freiherrlichen Familie, die das Wohnhaus nicht selbst bewohnte, sondern stets vermietete. So wurde 1892 das Anwesen an den Arzt Dr. Johann Jakob Ludwig verpachtet, der in der Grauen Burg ein „Sanatorium für Nervenkranke und Erholungsbedürftige“ unterhielt. Dieses Sanatorium wurde nach mehreren Zwischeninhabern 1910 von Dr. Philipp Buschhausen übernommen, der hier geistig behinderte Kinder therapierte.

1961 kam es erneut zu einem Besitzerwechsel, als Dr. med. Constance Freiin von Geyr zu Schweppenburg ihren Sechtemer Besitz verkaufte. Während den Wirtschaftshof mit 416 Morgen Land und 20 Morgen Wald die bisherige Pächterfamilie Sechtem erwarb, kam das Herrenhaus mit einigen Liegenschaften für 145000 DM an die damalige Gemeinde Sechtem. Maria Buschhausen, die Witwe des Sanitätsrates Dr. Philipp Buschhausen, blieb als Mieterin in der Burg wohnen. 1969 konnte sie das Herrenhaus, in welchem ihre Tochter Gertrud Schumacher von 1968 bis 1978 ein privates Kinderheim unterhielt, käuflich erwerben. Das noble Haus der Grauen Burg bewohnen heute Verwandte von Gertrud Schumacher, die 1979 das Zeitliche segnete.

*

Das dreigeschossige Wohnhaus der Grauen Burg steht auf einer Grundfläche von 20 x 12,6 Metern. Es zeigt auf der nach Osten zu gelegenen Schauseite fünf, an den Schmalseiten drei Fensterachsen. Der dreiachsige Mittelrisalit tritt kaum hervor. Abgeschlossen wird er von einem relativ flachen Dreiecksgiebel, welcher das alte Allianzwappen der Familie von Monschau / von Bentzel zu Sternau aufnimmt, das von zwei Löwen gehalten wird. Das mit einem schlichten Dach versehene Herrenhaus liegt auf einer Insel, die von einem Wassergraben umgeben ist. Zwischen dem Haus und dem früheren Wirtschaftshof erhebt sich das mit der Burg zeitgleich erbaute Gärtnerhäuschen. Dieser schlichte Bau imitiert mit Blick auf seine architektonische Form das Herrenhaus. Im 18. und in der ersten Hälfte des 19. Jahrhunderts wurde dieses Gebäude von der Familie Commans bewohnt.

Die Anlage der Grauen Burg, inmitten eines kleinen Parks, wirkt schlicht und unaufdringlich. Von einer verschwenderischen barokken Pracht ist nichts zu sehen. Das Herrenhaus ist mit Einschränkungen durchaus dem Typ der „Maison de Plaisance" (vgl. hier unter Bornheim und Rösberg) zuzuordnen. Errichtet wurde es, wie die Nikolauskapelle, nach den Plänen des Baumeisters Johann Georg Leydel.

Ein herrschaftliches Anwesen im toskanischen Landhausstil:

Das einstige Rittergut „Weiße Burg“ zu Sechtem

Lithografie der Weißen Burg zu Sechtem

Anders als im Fall der Grauen Burg, erhoben sich die Gebäude der Weißen Burg immer an der selben Stelle. Auch im vorliegenden Fall handelt es sich um eine von Wassergräben umgebene Anlage, eine Niederungsburg, deren Zufahrt an der Sechtemer Kaiserstraße liegt.

In der Spezialliteratur wird seit Maaßen (1885) gelegentlich behauptet, die Weiße Burg sei im 11. Jahrhundert von Agilolf, Kanonikus zu Courtray und Stifter des Klosters Springiersbach bei Wittlich, erbaut worden. Für diese Annahme liegen indessen keine Belege vor.

Einen indirekten Beleg für die Weiße Burg finden wir in einer 1197 ausgefertigten Urkunde, in welcher der Kölner Erzbischof Adolf dem Kloster Schillingskapellen, das der Bornheimer Ritter Wilhelm I. von Schilling sieben Jahre zuvor gestiftet hatte, dessen Güterbesitz bestätigt. Unter den aufgelisteten Besitzungen findet sich auch Sechtem („Sehteme“). Eine Burg wird freilich in diesem Zusammenhang nicht erwähnt. Gleichwohl ist die später so bezeichnete Weiße Burg mit ihren zugehörigen Liegenschaften gemeint, da dieses Anwesen sich im Besitz des damaligen Bornheimer Burgherrn befand. Auf dem gelegentlich verzwickten Weg der Erbfolge gelangte die Burg über die Linie Dersdorf-Sechtem an diesen Zweig der Familie Beissel von Gymnich, die zeitweilig auf Burg Dersdorf residierte. Entsprechend findet sich der erste gesicherte Hinweis auf die Weiße Burg im Jahr 1443, da Beatrix Beissel von Gymnich - hier als „Frau von Dersdorf“ bezeichnet - als Burgherrin zu Sechtem erwähnt wird, die eine bestimmte Kurmut zu leisten hatte. Im Jahr 1455 ehelicht Ritter Johann von Efferen Regina Beissel von Gymnich, deren Hof zu Sechtem (die Weiße Burg) 1472 mit folgender Angabe Erwähnung findet: „Die Frau von Dersdorf von 1 Hof, gelegen zu Sechtem, nun hat Herr Johann von Efferen.“ 1492 sehen wir den kurkölnischen Haushofmeister Wilhelm von Efferen als Eigentümer der Weißen Burg. Eine lange Zeit hindurch blieb der mitunter „Wisseburg“ genannte Adelssitz im Besitz der Familie von Efferen. Als um 1610 Johann Dietrich von Efferen die Wilhelmine Gertrud von Metternich zu Zwievel geheiratet hatte, bekam das Ehepaar eine einzige Tochter, Odilia Maria. Diese brachte als Erbin der Sechtemer Güter ihrem Ehemann Ferdinand Raitz von Frenz zu Kendenich die Weiße Burg als Eigentum zu. 1669 und 1670 fanden Vorverhandlungen bezüglich des Verkaufs der Weißen Burg statt, die sich weiterhin im Besitz der Raitz von Frenz befand. 1671 erwarb Gregor von Meyerhoven, „Ihro Fürstlicher Gnaden von Straßburg Controlleur“, die Burg für den Trierer Erzbischof und Kurfürsten Karl Kaspar Graf von der Leyen, der auf Burg Adendorf geboren worden war. Zur Finanzierung seiner Blieskasteler Residenz verkaufte der Kurfürst die Weiße Burg aber schon nach kürzester Zeit seinem von ihm bestimmten Ankäufer. Der spätere Kardinal Wilhelm von Fürstenberg, ein Gönner des Burgherrn von Meyerhofen, richtete sich in der Weißen Burg in den Jahren 1683 bis 1688 einen zweiten Wohnsitz ein.

1687 kommt die Burg durch die Heirat von Mechthilde von Meyerhofen mit Hermann Peter von Krane (1658 bis 1695) in den Besitz dieser Familie, nach welcher die Weiße Burg nunmehr ihren Namen „Kranenburg" erhielt. Die neue Bezeichnung bürgerte sich jedoch nicht ein; schon bald geriet sie in Vergessenheit. Über die Familie von Holtrop-Sinzenich gelangte die Weiße Burg schließlich an die Grafen von Merode-Frenz: Denn 1739 hatte Johann Gaudenz Felix von Krane auf Matena die Burg an Johann Balduin Freiherrn von Holtrop zu Sinzenich, der seit 1735 Chorbischof und Domherr zu Trier war, verkauft. Aus der Reihe der nachfolgenden adeligen Besitzer, die oft nur kurze Zeit die Weiße Burg ihr Eigen nannten, sei noch Wilhelm Freiherr von Merode-Houffalize erwähnt.

Von 1771 bis 1809 wirkte Vikar Gerhard Müller als Gutsverwalter auf der Weißen Burg, die als landtagfähiges Rittergut spezifiziert wurde und 1785 einen Grundbesitz von 418 Morgen Ackerland, einem Morgen Weingarten sowie 14 Morgen Garten und Benden aufwies. 1816 schenkte Freifrau Maria Regina Petronella von Merode-Frenz die Weiße Burg ihrem Rentmeister Karl Gräf, der 1838 in Düsseldorf verstarb. Nun lässt sich ein häufiger Wechsel der Eigentümer beobachten: Gottfried Meyer, Freiherr von Weichs (auf Burg Rösberg), Johann Adam Broich, Ferdinand Frings, Paula Gräfin von Fürstenberg-Stammheim, Robert Freiherr vom Rath.

Der Letztgenannte verkaufte die Weiße Burg an den Besitzer des benachbarten Ophofs, Peter Bollig (1871 bis 1932), der just in jenem Jahr erstmals das Amt des Sechtemer Ortsvorstehers bekleidete und zu den bedeutendsten Persönlichkeiten des Dorfes zählte. Die heutigen Besitzer sind dessen Nachkommen, die hier einen mustergültigen Gutsbetrieb führen.

*

Die Weiße Burg, so wie sie sich heute darstellt, ist ein weiträumiger, von einem Wassergraben umzogener Gebäudekomplex, ein Gutshof mit villenartigem Herrenhaus. Das heutige weiß gestrichene Wohnhaus entstand 1839 unter Gottfried Meyer und dessen kunstsinnigem Freund Josef Essingh aus Köln. In Anlehnung an italienisch-florentinische Landhäuser der Palladio-Ära entstand eine flachgedeckte nahezu quadratische Villa, wie man sie beispielsweise aus der Toskana und von der Adriaküste her kennt. Auffallend ist der hohe Torturm aus dem Jahr 1843, der ganz im Stil toskanischer Tor- oder Geschlechtertürme konzipiert ist und der exakt in den architektonischen Formen seines ruinösen Vorgängers errichtet wurde. Ein Bericht aus dem Jahr 1840 hält fest: „Vorzüglich und überraschend ist die Aussicht von der Höhe des Turmes. Über den Rhein erblickt man in der Ferne das Bergische, links die prachtvolle vielgetürmte Stadt Köln, rechts Bonn und das Siebengebirge; rückwärts das Vorgebirge und seine romantische Umgebung in der Nähe und Ferne.“

Der Torturm der Weißen Burg zu Sechtem

Schloss Eichholz am Ortsrand von Urfeld:

Vom mittelalterlichen Stiftshof zum gründerzeitlichen Schloss und Sitz der zentralen Bildungsstätte der Konrad-Adenauer-Stiftung

Entwurfzeichnung für Schloss Eichholz

Südöstlich von Wesseling-Keldenich, am westlichen Gemarkungsrand von Urfeld und ganz in der Nähe einer Auf- bzw. Abfahrt der BAB 555, die von den chemischen Fabriken der Stadt Wesseling hinterfangen ist, erhebt sich inmitten eines stimmungsvollen Parks das in seiner Kernsubstanz gründerzeitliche Schloss Eichholz, das im 19. Jahrhundert erbaut und im 20. Jahrhundert erheblich erweitert und im Laufe der Zeit interessanten Bestimmungen zugeführt wurde. Von hier aus führt eine viel befahrene Landstraße unmittelbar auf das breit hingestreckte Vorgebirge zu.

Schräg gegenüber der Schlossanlage erheben sich die zum Teil neobarocken Gebäude eines traditionsreichen Gutes, des Eichholzer Hofs aus dem Jahr 1911. Dieser Hof, innerhalb dessen Grundstückbereichs vor einigen Jahren Teile einer römischen Villa Rustica archäologisch untersucht werden konnten, hatte einen seit dem 12. Jahrhundert dokumentierten Vorläufer, nämlich den „alten Hof" im Bereich des heutigen Schlossparks. Die Kopie einer Originalurkunde aus dem Jahr 1166 enthält einen Beleg für die „Curtis nova sita iuxta Urvere", also den (damals) neuen bei Urfeld gelegenen Hof, der 1320 erstmals unter der heute noch gebräuchlichen Bezeichnung belegt ist. Dieser damals als „neu" bezeichnete Hof wurde zu Beginn des 20. Jahrhunderts als „alter Hof" eingestuft, da 1911 diesem gegenüber, auf der anderen Seite der Straßenkreuzung, der „neue" Eichholzer Hof errichtet wurde. Das „Eichholz" (1320 „Eycholtz" geschrieben) dehnte sich als Wald in Richtung „Eichenkamp" (Gemarkung Bornheim) aus, mit dem es dereinst verbunden war. An den früheren Eichholzer Forst erinnert ein 1908 erbautes Forsthaus (mit ehemaliger Gärtnerwohnung) gegenüber dem Schlosskomplex, an der Landstraße nach Bornheim. Ein Hirschgeweih ziert heute noch die Hauptfassade der früheren Försterei.

Der 1166 bezeugte Hof gehörte bis zur Säkularisation dem Bonner Kanonissenstift Dietkirchen, das unter anderem auch in Roisdorf („Deetkerche Hoff"), Waldorf (Zehnthof, Brysger Hof = Breisiger Hof, Luxengut, Kättchensgütchen), Hemmerich (Bodenheimer Hof) und Sechtem (Ophof) begütert war. 1807 wurde dieses Gut vom französischen Staat an den Makler Boismard verkauft. 1821 hieß der neue Eigentümer Michael Bütz (Pütz). Ein Jahr später brannte der Hof bis auf die Grundmauern nieder. Es heißt, „Mordbrenner" seien hier am Werk gewesen. In der Folge hätte sich in zwei erhalten gebliebenen Kellergewölben „lichtscheues Gesindel" herumgetrieben, das hier „die Marktgänger vom Vorgebirge belästigt" hätte. Auf deren Beschwerden hin habe der damalige Bürgermeister von Wesseling, Maximilian Freiherr von Geyr zu Schweppenburg (auf der Grauen Burg zu Sechtem residierend) diese unheimlichen Schlupfwinkel zuschütten lassen.

Der in diesem Buch bereits so oft erwähnte Gerhard Freiherr von Carnap erwarb kurze Zeit später den abgebrannten Hof, den er wieder aufbauen ließ und in dessen Nachbarschaft er ein schlossartiges Landhaus im neobarock- eklektizistischem Stil errichtete, das später so erweitert wurde, wie es sich dem heutigen Besucher präsentiert. 1854 trennte sich der Baron freilich wegen seiner schon mehrfach genannten Überschuldung von diesem ansehnlichen Besitz, indem er ihn an Henriette Nasse verkaufte, die ihn schon 1865 an Paula Gräfin von Fürstenberg weiter veräußerte. Im Dreikaiserjahr 1888 schließlich erwarb der 1912 in den Adelsstand erhobene Dr. Carl Joest Gut Eichholz. Der sehr begüterte neue Eigentümer war damals Teilhaber der Zuckerfabrik Pfeifer & Langen. 1892 ließ er die geräumige Vorläufervilla, das ehemals von Carnapsche Wohnhaus, zu einem veritablen Schloss ausbauen, wobei dessen Größe alle anderen Schlossbauten der näheren und weiteren Umgebung in den Schatten stellte. Der historisierende Stil des Vorgängergebäudes wurde beibehalten. In den Jahren 1904 bis 1908 wurden der wuchtige Turm sowie der große Saal angebaut; 1910 kamen weitere, die Symmetrie des Schlosses beeinträchtigende Nebenbauten hinzu. 1911 wurde der gesamte Guts- und Schlosskomplex unter der wohlklingenden Bezeichnung „Joest'sche Familienfideikomiss Eichholz“ durch entsprechende königliche Bestätigung in die Liste der rheinischen Mayoratsgüter aufgenommen, zu Beginn der 1930er Jahre jedoch wieder aus diesem Register gestrichen. Das ganze Schloss wirkt wie eine umgebaute Trutzburg aus dem Mittelalter. Renaissancistische, barocke, teilweise sogar klassizistische Architektur- und Dekorformen prägen bis heute diesen von geschweiften Giebeln, vorspringenden Gebäudeteilen, Erkern, Gauben, Balkonen, Veranden, Balustraden, verschiedenartigen Fensterkonstruktionen und Türmen geprägten Bau, in dem auch eine Hauskapelle eingerichtet wurde.

Dr. Carl von Joest verstarb 1942; seine Frau Pauline von Joest überlebte ihn um zehn Jahre.

Im Zweiten Weltkrieg wurde Schloss Eichholz, zeitweise Sitz des deutschen Generals der Artillerie von Küchler, relativ wenig beschädigt, obgleich die als feindliche Ziele dienenden benachbarten „Hermann-Göring-Werke“, die spätere UK (Union Kraftstoff) bzw. DEA, oft aus der Luft angegriffen wurden und auch das Schloss selber gezielt unter Beschuss geriet. Am Ende des Krieges beschlagnahmten amerikanische Besatzungssoldaten das Schloss und setzten die Eigentümerfamilie von Joest vor die Tür.

In den Nachkriegswirren erhielt Schloss Eichholz eine neue Funktion: In den Jahren 1945 bis 1955 diente es den Kölner bzw. Attendorner Cellitinnen (Augustinerinnen) als neues Mutterhaus. Im Mietvertrag hieß es unter anderem: „Die Genossenschaft der Cellitinnen, Kloster zur hl. Elisabeth, richtet in den gemieteten Räumen das Mutterhaus der Cellitinnen und ein Altersheim für arbeitsunfähig gewordene Schwestern unter dem Namen Kloster zur hl. Elisabeth ein.“ Der am 31. Juli 1955 gekündigte Mietvertrag war zwischen August Karl von Joest und Mutter M. Thaddäa, der Generaloberin der Cellitinnen, geschlossen worden. Die Familie von Joest erbaute für sich selbst im Park, unweit des Schlosses, im Jahr 1954 ein wesentlich bescheideneres schmuckes Wohnhaus.

Am 1. Januar 1956 wurde Schloss Eichholz an die damals in der Gründungsphase sich befindende „Gesellschaft für christlich-demokratische Bildungsarbeit e.V.“ für 375000 DM verkauft. Am 3. Dezember 1956 fand in den umgebauten Räumen des Schlosses das erste politische Seminar statt. Am 12. April 1957 wurde unter der neuen Bezeichnung „Politische Akademie Eichholz“ die gerade ins Leben gerufene Bildungsstätte durch Bundeskanzler Dr. Konrad Adenauer offiziell eröffnet. In den Folgejahren prosperierte die Einrichtung ungemein, so dass zum Teil größere Neubauten im Bereich des Parks errichtet wurden. Schloss Eichholz mauserte sich so zu einer in ganz Deutschland und mittlerweile auch international bekannten Institution: Die „Politische Akademie Eichholz“ avancierte zur zentralen Bildungsstätte und Urzelle der Konrad-Adenauer-Stiftung, in der beispielsweise nach der Wiedervereinigung der beiden deutschen Teilstaaten die so genannten „Deutschlandgespräche“ stattfanden. Insofern ist Schloss Eichholz mit dem in der Rheindorfer Burg zu Walberberg einst untergebrachten Konvent der Dominikaner vergleichbar, die hier ebenfalls eine politische Akademie unterhielten.

Hoch über dem Ufer des Rheins:

Burg Uedorf, ein altes Bauerngut

Die Uedorfer Burg am Ufer des Rheins

Der Volksmund spricht heute noch von einer Burg in Uedorf. Doch trifft dieser Terminus nicht ganz zu. Es handelt sich um ein großes landwirtschaftliches Anwesen, das früher einmal burgähnlich aussah und das sich vormals im Besitz des Bornheimer Burgherrn Johannes Baron von Diergardt befunden hatte. Nachgewiesen ist, dass dieses Anwesen auf den Fundamenten einer Vorgängeranlage errichtet worden ist. Auch dabei dürfte es sich wohl kaum um eine „richtige" Burg, sondern eher um ein „festes Haus" gehandelt haben. Die Uedorfer Burg (diesen Begriff behalten wir bei), hoch über dem Ufer des Rheins gelegen, soll einst einmal weitläufige Weinkeller und einen unterirdischen Gang bis zur ehemaligen Widdiger Mühle gehabt haben.

Am Ort des heutigen Wohnhauses stand ein dreistöckiges Gutsgebäude in recht schlichten Formen, das im Zweiten Weltkrieg am 13. April 1942 durch einen Bombenvolltreffer zerstört wurde. Leo Freiherr von Diergardt wollte das Haus nach dem Krieg im Stil eines rheinischen Rokokoschlösschens, einer kleinen Maison de Plaisance, (mit hohem Mansarddach und aufgesetzter Laterne) - ähnlich wie die Burg in (Bonn-) Grau-Rheindorf -, wieder aufbauen. Indessen ist es bei den noch vorhandenen Plänen geblieben. Nach dem Krieg erhielt der damalige Pächter des Bornheimer Burghofs Johannes Jüssen die Uedorfer Burg, um auf diesem Gut mit seiner Familie selbständig Landwirtschaft zu betreiben. Seither befindet sich das Gehöft im Besitz der genannten Familie.

Immerhin existiert eine Ansicht der „Burg" von etwa 1735, da der wallonische Zeichner Renier Roidkin das alte Uedorf, das urkundlich übrigens erstmals 1143 belegt ist, im Bild festgehalten hatte. Auf dieser Zeichnung ist der heute veränderte älteste Teil der Gebäudegruppe deutlich erkennbar.

Die im Volksmund so bezeichnete „Uedorfer Burg“ (um 1960)

Wo lag die Burg der Ritter von Hersel?

Wappen der Ritter von Hersel

Heute gibt es im Rheinort Hersel keine Burg mehr. Da jedoch im Mittelalter, d.h. bis in die zweite Hälfte des 13. Jahrhunderts hinein, ein Rittergeschlecht von Hersel hervorragend dokumentiert ist, kann man mit Fug und Recht vom einstigen Vorhandensein einer Herseler Burg ausgehen. 1933 entdeckte man bei Instandsetzungsarbeiten im Bereich der alten, im Stil des Barock erbauten Pfarrkirche St. Aegidius (1747) eine Gruft, in welcher die Gebeine mehrerer Verstorbener ruhten. Diese Gruft war von einer dicken Steinplatte abgedeckt, die das Wappen derer von Hersel trug. Der Wappenschild zeigt einen nach unten geöffneten (silbernen) Sparren auf blauem Grund, in dessen Winkel eine (goldene) Lilie eingelassen ist. Der obere Bereich wird von zwei Lilien (mitunter auch als „Gleven" = Schwertlilien bezeichnet) eingenommen. Die auf der Gruftplatte sichtbare Wappendarstellung ist ohne Helmzier. Die heraldische Fachliteratur bietet verschiedene Darstellungen (z.B. mit insgesamt neun Lilien), deren Gemeinsamkeit darin besteht, dass die Helmzier aus einem Schilfrohr mit sieben länglichen Blättern besteht. Diese Schilfpflanze erwächst einer roten, mit Hermelinpelz ausgeschlagenen Mütze, die einen Ritterhelm bedeckt. An der 1956 neu erbauten Volksschule wurde der (nicht farbig gefasste) Wappenschild mit der römischen Jahreszahl MCCXXX (1230) sowie dem Namen „Hermann von Hersell" angebracht. Tatsächlich wird als möglicher Stammvater der kurkölnischen Linie der Ritter von Hersel just der erwähnte Hermann aufgeführt, dessen Frau Elisabeth hieß. Das Ehepaar hatte einen Sohn namens Johann, der den Nachnamen „Merrege" trug und wohl in Brühl-Kierberg, dem früheren „Merreche", wohnte. Schon für das Jahr 1207 wird vermeldet, dass Margarete von Hersel das Zisterzienserinnenkloster Benden in Brühl-Heide bei Kierberg gestiftet hatte. Damit ist eine deutliche Beziehung zwischen den genannten Personen erkennbar. Für das Jahr 1211 ist ein „Helie de Hersele" gesichert, der vor dem Gericht des Bonner Wichelshofs (der bis zur Säkularisation den Nonnen von St. Maria im Kapitol zu Köln gehörte) auftrat. 1215 ist ein „Arnoldus de Herselon" als ortsansässiger Ritter bezeugt.

Nun ist es bis auf den heutigen Tag ungesichert, ob der urkundlich erstmals 1149 (mit einer rückwirkenden Angabe für 1136) bezeugte Ort Hersel nach einem bereits bestehenden (vielleicht aus Flandern / Brabant: „Herzelles / Herselles") stammenden Rittergeschlecht benannt ist, oder ob sich die Ritter nach dem Dorf Hersel am Rhein nannten. Jedenfalls wissen wir aus sicheren Quellen, dass die in Hersel ansässigen Ritter im Verlauf einiger Jahrhunderte ihre Besitzungen in Vochem, Brühl, Köln, Lommersum-Bodenheim, Laurenzberg, Schönecken, Golzheim, Unkelbach, Inden, Fliesteden und anderen Orten zum Teil beträchtlich erweitern konnten. Es war ihnen vergönnt, mehrfach hohe Ämter (Kämmerer, Klosterabt, Marschall, Amtmann usw.) zu bekleiden.

Kommen wir noch einmal kurz auf das oben beschriebene Wappen zurück: Die Helmzier mit dem siebenblättrigen Schilfhalm könnte man in einen Bezug zum Rhein bringen, dessen Ufer zwischen dem Dorf und dem Herseler Werth auch heute noch einen üppigen Schilfbewuchs aufweist.

Die Burg der Ritter von Hersel erhob sich möglicherweise im Norden des Ortes, also auf Uedorf zu gelegen, und zwar hinter der Gabelung von Rheinstraße und Richard-Piel-Straße. Dort stehen heute einige historische Villen verschiedener Stilrichtungen, etwa ein 1766 erbautes formschönes Rokokohaus. Nicht auszuschließen ist aber auch die Möglichkeit, die Burg als Einheit mit der alten Pfarrkirche zu sehen, denn dort hat man ja die weiter oben erwähnte Gruft entdeckt. Vielleicht befand sich in ihr die Grablege der Ritter von Hersel, so dass die alte Kirche durchaus als ehemalige Burgkapelle angesprochen werden kann. Folglich käme an der Rheinstraße grob gesehen der Bereich der neugotischen, 1901 eingeweihten Pfarrkirche und des benachbarten Marienhofs in Betracht. Die Burg zu Hersel wird nach Lage der Dinge bereits sehr früh wüst gefallen sein. Da entsprechende urkundliche Nachrichten fehlen, müssen wir uns mit der hier vorgelegten historischen Skizze begnügen. Im Mittelalter waren jedenfalls die Kölner Erzbischöfe sowie das Domkapitel Grundherren von Hersel. Die Ritter von Hersel scheinen damals in ihrem Herkunftsdorf keine große Rolle mehr gespielt zu haben. An anderen Orten hingegen ist ihr Wirken noch Jahrhunderte hindurch bezeugt

* * *

Literaturverzeichnis

Aubin, H., Die Weistümer der Rheinprovinz, Bd. 2: Amt Brühl, Bonn 1914.

Becker, H.U., Witterschlick und Impekoven. Eine ortsgeschichtliche Dokumentation, Bonn 1986.

Begleiter auf der Cöln-Bonner Eisenbahn, 1844.

Beyer, K., Naturdenkmale im Rhein-Sieg-Kreis, Siegburg 1991.

Bornheim gen. Schilling, W., Geschichte der Familie (v.) Bornheim, Köln 1940.

Breuer, R.W., Hersel am Rhein, Bd. 1, Bonn 1996.

Brosche, K.F., Die Geschichte des Frauenklosters, späteren Kanonissenstiftes Dietkirchen bei Bonn von den Anfängen der Kirche bis zum Jahre 1550, Diss. Bonn 1951.

Büttner, R., Die Säkularisation der Kölner geistlichen Institutionen, Köln 1971.

Bunk, H. / Drösser, W., Geschichte und Entwicklung von Hof und Schloss Eichholz (Blätter zur Geschichte der Stadt Wesseling III), Wesseling 2001.

Burfeid, J., Suaventhorp, Suavedorp, Schwadorf: Zwesche Dreesch un Fläch, Brühl-Schwadorf 1993.

Bursch, H., „Ein Maler beschreibt das Vorgebirge. Renier Roidkin war im 18. Jahrhundert auf Motivsuche im Rheinland", in: General-Anzeiger (Bonn), „Rheinische Chronik", 18. / 19. November, 1978, S. VI.

Bursch, H., „Die Krone auf dem Haupte eines Fürsten der Berge. Die Burg Hemmerich im Wandel der Zeit", in: General-Anzeiger (Bonn), „Rheinische Chronik", 7. / 8. Juni 1980, S. VIII.

Bursch, H., „Kleinodien herrschaftlicher Zeit. Streifzüge durch die Burgen- und Schlössergemeinde Bornheim“, in: General-Anzeiger (Bonn), „Rheinische Chronik“, 10. / 11. Januar 1981, S. IV.

Bursch, H. Hemmerich im Vorgebirge. Das Dorf im Wandel der Zeit, Bonn 1982.

Bursch, H., Aus der Heimatchronik des Vorgebirgsdorfes Rösberg, Bonn 1983.

Bursch, H., Die Siedlungsnamen der Stadt Bornheim. Eine Studie zur Toponymie und Siedlungsgeschichte des Vorgebirges, Bonn 1983.

Bursch, H., „Unterwegs auf der römischen Staatsstraße von Köln nach Trier. Alte Ortsnamen erzählen aus ihrer Vergangenheit“, in: General-Anzeiger, (Bonn), „Rheinische Chronik“, 9. April 1983, S. XX.

Bursch, H., „Kardorfer und Hemmericher Nachrichten aus dem Mittelalter“, in: Bornheimer Beiträge zur Heimatkunde, Heft 1, 1984, S. 25-36.

Bursch, H., „Die Siedlungsnamen der Gemeinde Alfter. Das alte Landschaftsbild im Spiegel der Toponyme“, in: General-Anzeiger (Bonn), „Rheinische Chronik“, 9. / 10. Juni 1984, S. XX.

Bursch, H., „Die Siedlungsnamen Urfeld und Eichholz“, in: Wesselinger Heimat- und Geschichtsblätter 4, 1985, S. 7 – 10.

Bursch, H., Bornheim in alten Ansichten, 3 Bde., Zaltbommel (Niederlande) 1985 – 2000 (mehrere Auflagen).

Bursch, H., „Der Dingstuhl Widdig und seine Bannmühle in Uedorf“, in: Wesselinger Heimat- und Geschichtsblätter 7, 1986, S. 8 – 10.

Bursch, H., „Vassiliacum, Caldiniacum und der Fischereibezirk Tragula:Über drei römerzeitliche Ortsnamen im Stadtbezirk Wesseling“, in: Drösser, W. (Hrsg.), Spuren der Römer in Wesseling (Blätter zur Wesselinger Heimatkunde 2), Bonn 1986, S. 30 – 34.

Bursch, H., Die Siedlungsnamen der Stadt Bonn (Veröffentlichungen des Stadtarchivs Bonn, Bd. 38), Bonn 1987.

Bursch, H., „Herr auf Burg Hemmerich, Kommunalpolitiker und Dichter: Carl Freiherr von Nordeck zu Nordeck (1793 – 1853)“, in: Heimatblätter des Rhein-Sieg-Kreises, Jahrbuch 1986 / 1987 des Geschichts- und Altertumsvereins für Siegburg- und den Rhein-Sieg-Kreis e. V., S. 194 – 207.

Bursch, H., „Der Landschaftsname Vorgebirge“ (wie vorherige Angabe), 1986 / 1987, S. 298 – 299.

Bursch, H., „Et Häre Jöötche hat eine lange Geschichte. Lindenhof: Quellen reichen bis in das 16. Jahrhundert zurück“, in: Bonner Rundschau, Nr. 89 vom 15. April 1987.

Bursch, H., „In der Mitte des Dorfes erhob sich eine Burg. Geschichte des kleinen Ortes Dersdorf“, in: Bonner Rundschau, Nr. 243 vom 17. Oktober 1989.

Bursch, H., „Uedorf: Aus der Geschichte eines kleinen Rheinortes“, in: Jahrbuch des Rhein-Sieg-Kreises 1990, S. 68 – 75.

Bursch, H., „Ein schwedischer Adeliger als Maler und Architekt im Vorgebirge.Leben und Wirken des Wilhelm Graf Mörner“, in: General-Anzeiger (Bonn), „Rheinische Chronik“, 3. / 4. November 1990, S. XII.

Bursch, H., „Vom Römerbau zur Brandruine: Burg Hemmerich im Vorgebirge“, in: Niederrheinisches Jahrbuch 16 (Sonderband: Albert-Steeger-Stipendium des Landschaftsverbandes Rheinland), Krefeld 1992, S. 132 – 138.

Bursch, H. / Heimig, H., Dersdorf. Eine Ortsgeschichte in Wort und Bild, Bornheim 1992.

Bursch, H., Uedorf am Rhein. Eine heimatkundliche Darstellung aus Anlass der 850jährigen Ersterwähnung, Bornheim-Uedorf 1993.

Bursch, H., „Frühgeschichtliche Ringwälle im Raum Bonn. In Alfter und Walberberg befinden sich gut erhaltene Anlagen“, in: General-Anzeiger (Bonn), „Rheinische Chronik“, 18. / 19. Dezember 1993, S. 16.

Bursch, H., Kardorf in alter Zeit, Kardorf 1994.

Bursch, H., Alfter in alten Ansichten, Zaltbommel (Niederlande) 1994.

Bursch, H., „Burgen und herrschaftliche Landhäuser in Roisdorf", in: Jahrbuch des Rhein-Sieg-Kreises 1995, S. 55-62.

Bursch, H., „Johann Conrad Schlaun (1695 – 1773), höchster Baumeister des Kurfürsten Clemens August. Zum 300. Geburtstag des in Brühl und Umgebung tätigen westfälischen Architekten", in: Brühler Bilderbogen Nr. 115, Juni 1995, S. 6 – 9.

Bursch, H., „Das Werk des Johann Conrad Schlaun (1695 – 1773) im Vorgebirge. Zum 300. Geburtstag des westfälischen Barockbaumeisters", in: Bornheimer Beiträge zur Heimatkunde, Heft 4, Bornheim 1995, S. 4 – 20.

Bursch, H., „Burgen im Vorgebirge. Die Geschichte der alten Häuser zwischen Bonn und Brühl", in: General-Anzeiger (Bonn), „Rheinische Chronik", 30. August 1995, S. 15.

Bursch, H. / Heimig, H. / Meyer, H., Die Stadt Bornheim. Mittelalterliche Ersterwähnungen der einzelnen Ortschaften, Bornheim 1996.

Bursch, H., „Schloss Bornheim und Umgebung. Eine heimatkundliche Skizze aus Anlass der 850jährigen Ersterwähnung eines Adelssitzes im Herzen des Vorgebirges", in: Jahrbuch des Rhein-Sieg-Kreises 1997, S. 48 – 59.

Bursch, H., „Haus Rankenberg im Vorgebirge. Aus der wechselvollenGeschichte des vor hundert Jahren neuerbauten Adelssitzes", in Jahrbuch des Rhein-Sieg-Kreises 1998, S. 27 – 39.

Bursch, H., Die Pfarrpatrozinien des Dekanates Bornheim. Alter, Herkunft und Bedeutung aller Haupt-, Neben- und Ortspatrozinien. Eine Studie zur Kirchengeschichte des Bonner Umlandes, Bornheim 1999.

Bursch., H., Bacchus im Vorgebirge. Vom einstigen Weinbau zwischen Bonn und Brühl, Bonn 1999.

Bursch, H., „Eine Schlossanlage nach französischem Vorbild. Bornheimer Barock: Maison de Plaisance", in: Bonner Rundschau, Nr. 187 vom 14. August 2000.

Bursch, H., „Glanz strahlte nach Rösberg. Das barocke Vorgebirgsschloss und die Satzung vom kurfürstlichen Jagdorden“, in: Bonner Rundschau, Nr. 202 vom 3. August 2000.

Bursch, H., „Pavillon von 1731, ein Kleinod ländlich-barocker Architektur“, in: Bonner Rundschau, Nr. 7 vom 7. Januar 2001.

Bursch, H., Bonner Burgen, Bonn 2002.

Bursch, H., „Vom Klosterhof zum Versuchsgut der Uni“ (bezogen auf den Dikopshof), in: General-Anzeiger (Bonn), „Rheinische Chronik“, 26. Februar 2002, S. 6.

Bursch, H., „Die Formensprache erinnert an Florenz. In der Weißen und Grauen Burg zu Sechtem lebten zahlreiche Adelsgeschlechter“, in: General-Anzeiger (Bonn: Umland-Ausgabe), 30. August 2005, S. 8.

Bursch, H., „Ein Bauerngehöft namens Uedorfer Burg“, in: General-Anzeiger (Bonn: Umland-Ausgabe), 2. Januar 2006, S. 8.

Bursch, H., „Walberberger Burgen“, in: Jahrbuch des Rhein-Sieg-Kreises 2007, S. 120 – 128.

Bursch, H., „Villa Rustica und Töpferofen freigelegt“ (bezogen auf Merten-Trippelsdorf), in: General-Anzeiger (Bonn: Umland-Ausgabe), 19. Dezember 2007, S. 6.

Bursch, H., 300 Jahre Pfarrkirche St. Markus und St. Agnes zu Rösberg im Vorgebirge. Geschichte und Bedeutung des 1707 neu erbauten Gotteshauses, Bornheim 2007.

Bursch, H., Das Vorgebirge, Erfurt 2008.

Bursch, H., „Burg Hemmerich liegt nicht nur im Vorgebirge. Im Park von Haus Neu-Hemmerich in Frechen-Bachem befinden sich noch die Ruinen der erzstiftischen Burg“, in: General-Anzeiger (Bonn: Umland-Ausgabe), 4. April 2008, S. 6.

Clemen, P., Die Kunstdenkmäler der Stadt und des Kreises Bonn, Düsseldorf 1905 (Nachdruck 1980).

Clemen., P. / Polaczek, E., Die Kunstdenkmäler des Landkreises Köln, Düsseldorf 1897 (Nachdruck 1983).

Dederichs, E., Chronik der Pfarrei St. Michael Waldorf, Waldorf 1980.

Diergardt, G. Freifrau von, Die Geschichte der Burg Hemmerich bei Bonn a. Rh., Hemmerich 1956 (maschinenschriftl. Skript, 18 Seiten; Kopie im Besitz des Verf.).

Dietz, H., „Das Dominikanerkloster in Walberberg (1926 – 2007). Impulse und Beiträge der Dominikaner zur Sozial- und Wirtschaftsordnung der Bundesrepublik: Vom christlichen Sozialismus zur sozialen Marktwirtschaft“, in: Jahrbuch des Rhein-Sieg-Kreises 2009 (erschienen im Okt. 2008), S. 146 – 152.

Dietz, J. / Zerlett, N., 900 Jahre Alfter 1067 – 1967, Spich 1967.

Dietz, J., „Unbekannte Burgen im Bonner Land“, in: Heimatblätter des Rhein-Sieg-Kreises, Heft 97, 1970, S. 78 – 95.

Dietz, J., 1173 – 1973: 800 Jahre Merten, Bornheim 1973.

Doepgen, H. / Günter, R., Burgen, Kirchen und Schlösser im Raume Bonn (Rheinische Kunststätten, Heft 163), 2. Aufl. Neuss 1974.

Drösser, W., Zur Geschichte der „Herrlichkeit“ Keldenich (Blätter zur Geschichte der Stadt Wesseling IV), Wesseling 2002.

Drösser, W., „Der Dikopshof. 150 Jahre Lehr- und Forschungsstation der Universität Bonn“, in: Wesselinger Heimat- und Geschichtsblätter 4, 2004, S. 4 – 8.

Drösser, W., Brühl. Bilder, Fakten, Zusammenhänge, Bonn (ohne Jahresangabe).

Drösser, W., Wesseling, Berzdorf, Keldenich, Urfeld: Geschichte, Bilder, Fakten, Zusammenhänge, Wesseling 2008.

Duncker, A. (siehe: Hansmann / Knopp).

Esser, P., Chronik von Witterschlick (1903), unveränderter Nachdruck, Witterschlick 1999.

Fahne, A., Geschichte der Kölnischen, Jülichschen und Bergischen Geschlechter, Köln 1848.

Firmenich, H., Stadt Brühl (Rheinische Kunststätten), 2. Aufl. Neuss 1972.

Garbisch, U., Das Zisterzienserinnenkloster Walberberg (1197 – 1447), Köln 1998.

Gelenius, Ae., De admiranda sacra et civili magnitudine Coloniae Agrippinensis Augustae Ubiorum Urbis, Köln 1645.

Gierlich, E., „St. Klara und ihr Roisdorfer Hof", in: Pfarrbrief der Pfarrgemeinde Sankt Sebastian Roisdorf, Januar 1993, S. 9 – 10.

Gierlich, E., „Vom Sterffelshof auf die Marienburg: Hochmeister Paul von Rusdorf (1422 bis 1441) – ein Roisdorfer an der Spitze des Deutschen Ordens", in: Bornheimer Beiträge zur Heimatkunde, Heft 5, 1999, S. 4 – 11.

Gierlich, E., „Haus Wittgenstein. Ein architektonisches Juwel mit reicher Vergangenheit", in: Heimat- und Eifelverein Bornheim e. V.: Veranstaltungskalender 2007, S. 43 – 50.

Göbels, K., Wappen von Frechen. Ein Beitrag zur rheinischen Genealogie, Frechen 1966.

Gondorf, B., Die Burgen der Eifel und ihrer Randgebiete, Köln 1984.

Günter, R., Kunstwanderungen Rheinland, Stuttgart, Zürich 1979.

Hansmann, W. / Knopp, G. (Neuherausgeber und Kommentatoren): A. Duncker, Rheinische Schlösser und Burgen, 2 Bde. (1.: Bildband / 2.: Kommentarband), Düsseldorf 1981.

Heimatfreunde Roisdorf, verschiedene historische Beiträge zur Burgenkunde und allgemeinen Ortsgeschichte von Roisdorf (im Internet).

Herzog, H., Rheinische Schlossbauten im 19. Jahrhundert, Bonn 1981.

Herzog., H., Burgen und Schlösser. Geschichte und Typologie der Adelssitze im Kreis Euskirchen, Köln 1989.

Höroldt, D. (Bearbeiter), Die Urkunden des Archivs von Burg Rösberg, Köln 1981.

Höroldt, D., „Bornheim und das Vorgebirge im 19. Jahrhundert", in: Bornheimer Beiträge zur Heimatkunde, Heft 6, 2001 / 2002, S. 4 – 27.

Höroldt, D., Bornheim, junge Stadt auf altem Kulturboden. Geschichte von der Steinzeit bis in die Gegenwart, Köln 2008.

Holtermann, D., Die Wasserburgen-Route. Radeln in der Rheinischen Bucht, Köln (ohne Jahresangabe).

Janssen, W., Studien zur Wüstungsfrage im fränkischen Altsiedelland zwischen Rhein, Mosel und Eifelnordrand, 2 Bde., Bonn, Köln 1975.

Kalkum, E.G (Herausgeber im Auftrag der Gemeinde Alfter), Beiträge zur Geschichte von Alfter (u.a. mit Beiträgen von G. Walzik, A. Schyma, H. Bursch), Alfter 1989.

Kisky, H., Schlösser und Herrensitze im Rheinland nach alten Vorlagen und Stichen, Frankfurt / M. 1960.

Klapp, H., Dikopshof, Rengen, Maarhof. Die Versuchsbetriebe des Instituts für Boden- und Pflanzenlehre der Rheinischen Friedrich-Wilhelms-Universität zu Bonn, Bonn 1938.

Kliesing, G., Die Säkularisation in den kurkölnischen Ämtern Bonn, Brühl, Hardt, Lechenich und Zülpich in der Zeit der französischen Fremdherrschaft, Honnef 1932.

Knetschke, E.H., Neues allgemeines Deutsches Adels-Lexicon, 3 Bde., Leipzig 1859 – 1870.

Köllen, J. / Kisky, H. / Steimel, R., Siegel und Wappen, Burgen und Schlösser im Landkreis Köln, Köln 1966.

Körber, A., Schloss Rösberg (Magisterarbeit), Bonn 1990.

Korn, O. / Pagenstecher, W. (Bearbeiter), Rheinisches Siegel- und Urkundenbuch, Brühl 1952.

Kretzschmar, F., Kirchen, Klöster und Kapellen im Erftkreis, Köln 1985.

Kulturkreis Alfter e.V., Alfter in Wort und Bild. Eine Wanderung durch ein Gesamtkunstwerk. Der Kulturerlebnisweg, Alfter 2006.

Landkreis Bonn (Hrsg.), Heimatbuch des Landkreises Bonn, 2 Bde., Bonn 1958 – 1959.

Levenkaul, F. / Meyer, H., Geschichte in Zahlen, Merten 1983.

Levenkaul, F. / Meyer, H., „Trippelsdorfer Wein", in: Bornheimer Beiträge zur Heimatkunde, Heft 1, 1984, S. 5 – 11.

Levenkaul, F. / Meyer, H., Der alte Mertener Friedhof, Merten 1989.

Levenkaul, F. / Meyer, H., Flur- und Straßennamen in Merten, Merten 1990.

Levenkaul, F. / Meyer, H., Mertener Regesten, Merten (ohne Jahresangabe).

Lowey, J., Walberberg – Daten und Fakten zur Ortsgeschichte, Walberberg 1993.

Lückerath, C.A., Paul von Rusdorf, Hochmeister des Deutschen Ordens 1422 – 1441, Bad Godesberg 1969.

Maaßen, G.H.Chr., „Die römische Staatsstraße von Trier über Belgika bis Wesseling am Rhein, und der Römerkanal am Vorgebirge", in: Annalen des Historischen Vereins für den Niederrhein, Heft 37, 1882, S. 1 – 119.

Maaßen, G.H.Chr., Geschichte der Pfarreien des Dekanates Hersel, Köln 1885.

Meynen, H., Wasserburgen, Schlösser und Landsitze im Erftkreis, Köln 1979.

Minn, G., „Das alte Pastorat in Badorf", in: W. Drösser (Schriftleitung), Ein Haus voll Glorie schauet weit über alle Land. 100 Jahre Pfarrkirche St. Pantaleon in Brühl-Badorf, Brühl 1997, S. 152 – 153.

Neu, H., Heimatchronik des Landkreises Bonn, Köln 1953.

Ott, H., Rheinische Wasserburgen. Geschichte, Formen, Funktionen, Würzburg (ohne Jahresangabe).

Otzen, H., Burgen und Schlösser rund um Bonn, Bonn 2000.

Patt, W., Im Mittelpunkt des Lebens. Geschichte und Geschichten um St. Matthäus, Alfter 2004.

Peters, H., Die Baudenkmäler in Nord-Rheinland. Kriegsschäden und Wiederaufbau, Kevelaer 1951.

Pick, R., „Zur Geschichte Walberbergs", in: Bonner Jahrbücher 47, 1869, S. 130 – 145.

Piper, O., Burgenkunde. Bauwesen und Geschichte der Burgen, Frankfurt / M., München 1967.

Renard, E., Rheinische Wasserburgen, Bonn 1922.

Rensing, Th., Johann Conrad Schlaun. Leben und Werk des westfälischen Barockbaumeisters, 2. Aufl. München, Berlin 1954.

Rosellen, R.W., Geschichte der Pfarreien des Dekanates Brühl, Köln 1887.

Stadtarchiv Bornheim, Sammlung Norbert Zerlett.

Tholen, P.A., „Die Aldeburg bei Walberberg", in: Brühler Heimatblätter, Nr. 9, Dez. 1923, S. 1 – 2.

Thomas, R., Gielsdorf. Geschichte eines Vorgebirgsortes, Bad Honnef 1978.

Tück, H., Heimatgeschichte von Walberberg, 3. erw. Aufl. Walberberg 1978.

Uslar, R. von, „Ringwall bot Schutz am Vorgebirge. Die Aldeburg bei Walberberg und ihr geschichtlicher Hintergrund", in: An Rhein und Ahr, Heimatblätter für Bonn und Umgebung und den Ahrkreis (Beilage der Bonner Rundschau vom 20. April 1960), 3 Seiten (ohne Zählung).

Vorzepf, H., Sechtemer Dorfchronik, Bd. 2: Kirche und Schule im Wandel der Zeit, Sechtem 2001; Bd. 3: Geschichte unserer Heimat: Burgen und Höfe, Sechtem 2008.

Weise, E., „Der rheinische Hochmeister Paul von Rusdorf (1422 – 41) und das Widerstandsrecht der preußischen Stände“, in: Jahrbuch des Kölnischen Geschichtsvereins 27, 1953, S. 1 – 41.

Welters, H., „Wasserumwehrte Pfarrhöfe“, in: Rheinische Vierteljahrsblätter (1948), S. 228 – 241.

Welters, H., „Haus Londorf bei Trippelsdorf“, in: Vom Rhein zur Ahr. Heimatblätter für Bonn und Umgebung (Beilage der Bonner Rundschau, Nr. 5, August 1951), S. 19 – 20.

Wildeman, Th., Rheinische Wasserburgen und wasserumwehrte Schlossbauten, Neuss 1954.

Wirges, H., Bachem. Der Geschichte eines Dorfes auf der Spur, Köln 1991.

Zerlett, N., „Die Wasserburg, das Haus Dornich zu Waldorf“, in: Vorgebirgsscholle (ohne Datum; siehe Stadtarchiv Bornheim, Findbuch der Sammlung Zerlett, S. 111, Nr. 192).

Zerlett, N., Gemeinde Bornheim. Von den Amtsstuben bis zum Rathaus, Bornheim 1973.

Zerlett, N., „Haus Holthoff in Botzdorf“, in: Vorgebirgsscholle, 4. April 1961; desgl. in: Bornheimer Pfarrbrief, Nr. 4, 1987.

Zerlett, N., „Haus Hohenlind in Botzdorf“, in: Bornheimer Pfarrbrief, Nr. 4, 1988. Desgl. in: Jahrbuch des Rhein-Sieg-Kreises 1990, S. 32 - 33.

Zerlett, N., Stadt Bornheim im Vorgebirge (Rheinische Kunststätten, Heft 243), Neuss 198Zimmermann, W. / Neu, H., Das Werk des Malers Renier Roidkin. Ansichten westdeutscher Kirchen, Burgen, Schlösser und Städte aus der ersten Hälfte des 18. Jahrhunderts, Düsseldorf 1939.

Zinkann, K.E., Der Typ der Maison de Plaisance im Werk von Johann Conrad Schlaun, Münster 1979.

Abbildungsverzeichnis

Wohnhaus der Burg Ramelshoven
(Foto: Horst Bursch, 1985), S. 13

Grenz- bzw. Güterstein der Burg Ramelshoven, mit dem Familienwappen derer von Metternich
(Zeichnung: Horst Bursch, 2008), S. 16

Villa der freiherrlichen Familie von Geyr zu Schweppenburg in Gielsdorf
(Postkartenausschnitt von etwa 1910; Sammlung: Horst Bursch), S. 17

Die klassizistische Villa der Freiherren von Geyr zu Schweppenburg in Gielsdorf
(Foto: Horst Bursch, 1984), S. 20

Wappen der Freiherren von Geyr zu Schweppenburg, S. 21

Die Hochmotte „Alte Burg“ im Wald von Alfter
(Foto: Horst Bursch, 1980), S. 22

Der Ringwall „Alte Burg“ zu Alfter
(Zeichnung von Horst Bursch, 1993), S. 25

Schloss und Dorf Alfter aus Richtung Südosten
(Ölbild in Schloss Dyck von Johann Franz Rousseau, um 1750; Foto: Horst Bursch), S. 26 und Umschlagfoto

Zeichnung von Schloss Alfter von 1860
(Sammlung: Horst Bursch), S. 30

Schloss Alfter und die Pfarrkirche Sankt Matthäus
(aus: Paul Clemen, Die Kunstdenkmäler der Stadt und des Kreises Bonn, Düsseldorf 1905, Seite 257, Abbildung 172; Zeichnung von G. Erkens), S. 30

Die Wolfsburg zu Roisdorf von Nordosten
(Zeichnung: Wilhelm Graf Mörner, 1862), S. 31

Der sagenumwobene „Donnerstein" zu Roisdorf
(Zeichnung: Hilger Becker, um 1935), S. 36

Paulus von Roisdorf, Hochmeister des Deutschen Ordens von 1422 bis 1441
(Sammlung : Horst Bursch), S. 38

Der frühere Sterffelshof auf den Fundamenten der Roisdorfer Ritterburg auf dem Donnerstein
(Zeichnung: Horst Bursch, 2008), S. 39

Das klassizistische Haus Wittgenstein in Roisdorf
(Zeichnung: Horst Bursch, 2008), S. 40

Die im Stil des französischen Klassizismus erbaute Villa Wrede (19. Jahrhundert) in Roisdorf
(Foto: Norbert Zerlett, 1958), S. 44

Schloss Bornheim: Das Herrenhaus von Westen
(Foto: Horst Bursch, 1986), S. 47

Die Vorburg von Schloss Bornheim
(Foto: Norbert Zerlett, um 1960), S. 53

Das Bornheimer Gerichtsgebäude von 1740
(Foto von etwa 1900; Sammlung: Horst Bursch), S. 54

Das Holthoffsche Gütchen in Bornheim-Botzdorf
(Zeichnung: Horst Bursch, 1996), S. 55

Haus Hohenlind in Bornheim-Botzdorf
(Foto: Norbert Zerlett, 1935), S. 57

Haus Rankenberg zwischen Dersdorf und Brenig: Zustand vor 1898 (Zeichnung: Horst Bursch, 2008), S. 58

Das 1898 im Stil des Neobarock neu erbaute Haus Rankenberg (Foto: Horst Bursch, 1995), S. 63

Die Dersdorfer Wasserburg „om Huus“ (Rekonstruktionszeichnung von Horst Bursch, 1992), S. 64

Die Ruinen der früheren Dersdorfer Wasserburg „om Huus“ (um 1910) (Foto; Sammlung: Horst Bursch), S. 69

Situationsplan der früheren Dersdorfer Burg „om Huus“ (Versuch einer Rekonstruktion von Horst Bursch, 1992), S. 70

Der barocke Lindenhof zu Dersdorf (Foto; Sammlung Horst Bursch, ca. 1930), S. 71

Burg Dorne und der „Pöngshoff“ zu Waldorf (Situationsplan, gezeichnet von Norbert Zerlett, ca. 1960, mit Ergänzungen von Horst Bursch, 2008), S. 74

Blick in den „Pöngshoff“ zu Waldorf (Foto: Norbert Zerlett, um 1950), S. 76

Wappen der Ritter von Hemberg, S. 79

Burg Hemmerich im Jahr 1847 (Zeichnung von Carl Baron von Nordeck zu Nordeck), S. 85

Torpavillon der Burg Hemmerich.
Blick durch die Einfahrt auf den alten Gasthof „Zur Eiche“ (Zeichnung: Hilger Becker, 1951), S. 86

Burg Hemmerich von Norden her gesehen (Zeichnung: G. Erkens, 1901, in: P. Clemen, Die Kunstdenkmäler der Stadt und des Kreises Bonn, Düsseldorf 1905, S. 305, Abbildung 209), S. 87

Situationsplan der früheren Burg Hemmerich in Frechen-Bachem, 1816 (Umzeichnung: Horst Bursch), S. 88

Die Ruinen der Burg Hemmerich in Frechen-Bachem
(aus: Paul Clemen/Ernst Polaczek, Die Kunstdenkmäler des Landkreises Köln, Düsseldorf 1897, S. 12, Abbildung 2), S. 89

Das barocke Jagdschloss Rösberg auf einer Zeichnung von Johann Conard Schlaun (um 1728), S. 90

Blick auf Rösberg mit seinem 1731 fertig gestellten neuen Barockschloss
(Zeichnung: Renier Roidkin, um 1735), S. 90

Schloss Rösberg: Aufriss der Fassade von Johann Conrad Schlaun (vor 1729), S. 97

Herrenhaus von Schloss Rösberg
(Foto: Horst Bursch, 1996), S. 97

Das 1941 zerstörte „Haus Londorf“
(Foto: Norbert Zerlett, 1936), S. 98

Lageplan von Haus Londorf im Wald von Merten
(Zeichnung: H. Welter, 1951), S. 101

Der Torbogen der früheren Mertener Burg zu „Crucheren“ und die alte Friedhofskapelle
(Ausschnitt aus einem Ölbild von Horst Bursch, 2001), S. 102

Die frühere Trippelsdorfer Kapelle Sankt Vinzenz von Zaragoza. Der burgartige Bau wurde auf einer Tragfahne des 19. Jahrhunderts abgebildet.
(Sammlung: Horst Bursch), S. 104

Situationsplan des Ringewalls „Alde Burch“ zu Walberberg
(Sammlung: Horst Bursch), S. 107

Plan der Kitzburg und ihrer Parkanlagen zu Walberberg aus dem Jahr 1692, S. 109

Die Kitzburg zu Walberberg; links: der von Weinreben bedeckte Schallenberg und der Turm der Pfarrkirche St. Walburgis
(Zeichnung: Renier Roidkin, um 1735), S. 112

Der Hexenturm zu Walberberg um 1947
(Foto; Sammlung: Horst Bursch), S. 113

Der Hexenturm zu Walberberg neben der Pfarrkirche Sankt Walburgis
(Zeichnung: Hilger Becker, 1935), S. 116

Die Rheindorfer Burg zu Walberberg um 1930
(Foto: Sammlung Horst Bursch), S. 117

Das Dominikanerkloster Walberberg in der Rheindorfer Burg, um 1950
(Sammlung: Horst Bursch), S. 122

Der alte wasserumwehrte Pfarrhof von Badorf
(stark vergrößerter Ausschnitt aus einer lithografierten und vom Verfasser leicht retuschierten Postkarte von etwa 1900), S. 123

Die Schallenburg zu Schwadorf
(Zeichnung: Horst Bursch, 2008), S. 126

Wappen der Familie Schall von Bell, S. 130

Die Lage der früheren Burg Husen und des Dikopshofs auf einer topografischen Karte von 1895
(Sammlung: Horst Bursch), S. 131

Die 1716 erbaute Kapelle zum Heiligen Kreuz auf dem Gutsgelände des Dikopshofs
(Zeichnung: Horst Bursch, 2004), S. 133

Die Graue Burg zu Sechtem um 1900
(Lithografie von C. Olbertz; Ausschnitt einer Postkarte;
Sammlung: Horst Bursch), S. 141

Lithografie der Weißen Burg zu Sechtem
(Ausschnitt aus einer Postkarte von 1897;
Sammlung Horst Bursch), S. 146

Der Torturm der Weißen Burg zu Sechtem
(Foto: Horst Bursch, 1986), S. 149

Entwurfzeichnung für Schloss Eichholz
(aus: H. Blunk/W. Drösser, Geschichte und Entwicklung von Hof und Schloss Eichholz, Wesseling 2001, Seite 31, Abbildung 31), S. 150

Die Uedorfer Burg am Ufer des Rheins
(Zeichnung von Renier Roidkin, um 1735; Ausschnitt), S. 154

Die im Volksmund so bezeichnete „Uedorfer Burg“ (um 1960)
(Foto; Sammlung: Horst Bursch), S. 156

Wappen der Ritter von Hersel, S. 157

Peter Assion

Bönnsche/ Rheinische Krimis

Der tote Penner
Mord am Funkenmariechen
Muffensausen
Hermine Pfefferkorn ...
Der Kamellendieb
Lombardo und die Tote im Rhein
Treffpunkt Münsterplatz
Der alte Mann und das Mädchen
Tod im Stadthaus
Herbstblätter
Das Mädchen am Fenster
Dreck am Stecken
Der Katzenmörder von Rheinbach
Der fiese Möpp von Muffendorf
Mord im Münster
Rache am Drachenfels
Der vergiftete Joghurt
Das Waschweib
Schüsse am Rodderberg
Spuren am Hals
Wie eiskalt ist dein Händchen
Fegefeuer
Gewitter über Poppelsdorf
Ein Ende in Endenich
Bonner Leichen
Tatort Bonngasse
Kesse in Kessenich
Fallobst in Meckenheim
Kein Trost in Troisdorf
Das rote Haar
Romeo und Julia in der Altstadt
Komp(l)ott in Meckenheim
Der Hofgarten-Krimi
Die Geisterbahn
Der Gauner von Mehlem
Das Ende am Weinhäuschen
Zoff unterm Kuhle Dom
Aufregung in Duisdorf
Weiberfastnacht
Zerstörte Träume
Whisky mit Rheinwasser
Anhang:
Auszug aus Leitfaden für Whiskyfreunde
Viel Gefühl in Brühl
Den Kopf verdreht
Langes Haar in Hangelar
Carlotta, die Italienerin in Bonn
Ich seh rot und du bist tot !
Schlamassel in Oberkassel

Rheinische Geschichten

Frieda Klapperich: So is dat!
Frieda Klapperich: Na und?!
Die Klapperichs
Immer wieder Frieda!
Die Bescherung - Mit Frieda Klapperich
Hör mal! Mit Frieda Klapperich
Hör mal! CD, 74 Minuten
Frieda Klapperich in Rimini
Die Klapperich-Diät
Kriminalgeschichten der Frieda Klapperich
Entweder et ränt - Redensarten
Gelegenheit macht Liebe
Bonner Geschichten
von Liebe, Lust und Frust

Gedichte

Nu lur ens! - Bonner Ansichten
Worte auf Schwingen

Romane

Jan, Therese und die Andere
Die Dinkelbachs
Roter Schal
Em Pöttche
Mondnacht - Die letzten Tage von
Robert Schumann in Bonn -
Novelle
Walter J. Divossen: meinetwegen
biographische Notizen
Die rote Glut
Bonn, Acherstraße
Teil I: Licht am Horizont
Teil II: Wir werden wieder wer
Teil III: Abendrot

Kinderbücher

Das kleine Gespenst lernt spuken
Die Gespenster-Detektive
Ein Pfennig zu wenig
Kuddel-Muddel
Das kleine Gespenst vom Drachenfels

Sachbuch

John McGregor: Leitfaden für Whiskyfreunde